ÉLOGE

DU P. LACORDAIRE.

ACADÉMIE DES JEUX FLORAUX.

ÉLOGE

DU PÈRE LACORDAIRE

DISCOURS

QUI A OBTENU UNE VIOLETTE

PAR M. LÉONCE FAVATIER,

DE NARBONNE.

Concours de 1869.

NARBONNE

EMMANUEL CAILLARD, IMPRIMEUR-LIBRAIRE.

1869

Concours de 1869.

ÉLOGE DU PÈRE LACORDAIRE.

Confortare et esto vir.
Livre des Rois, III, 2.

Messieurs,

Confortare et esto vir. Ces paroles de David mourant à son fils s'adressent à tous ceux qui sentent battre dans leur poitrine un cœur d'homme. Qui que nous soyons, nous avons tous un gouvernement à exercer, et le gouvernement le plus redoutable, celui de nos passions et de nous-mêmes. Il y faut une énergie sans pareille, et voilà pourquoi la Sagesse divine répète à tous, à travers les âges, cette parole du roi-prophète : *Confortare et esto vir.* Honneur à qui sait l'entendre. Ce n'est qu'à cette condition qu'on arrive à la vraie grandeur.

Celui, au contraire, qui ferme l'oreille à ces viriles leçons, en vain, aurait-il reçu de Dieu les dons les plus précieux et les plus rares, il y aura toujours dans sa vie un côté qui trahira une incurable faiblesse. Il pourra laisser un nom célèbre ; ce nom ne sera jamais assis dans la mémoire des peuples sur la base inébranlable d'un unanime et immortel respect. Et si jamais cet homme a l'ambition d'être un fondateur, ses œuvres seront marquées du signe de l'instabilité, parce qu'il aura manqué de cette force qui peut seule donner la vie aux institutions, la force morale.

Henri-Dominique LACORDAIRE sut entre tous entendre cette parole, et parmi tous ses titres de gloire, la postérité saluera surtout cette austère virilité qui l'a fait véritablement grand parmi les plus grands de ce siècle.

« Je viens, disait le P. Lacordaire au début de son éloge
« funèbre du général Drouot, je viens, en vous entretenant
« de cette belle carrière, rendre au héros que nous avons
« perdu un hommage religieux, donner à votre âme une
« consolation qu'elle recherche, et peut-être aussi à nos
« contemporains des enseignements qui les toucheront, puis-
« qu'ils sortiront d'une vie honorée de tant d'amour et cou-
« ronnée de tant de respects. » Oui ! l'éloge des grands hommes doit être plus qu'un stérile hommage rendu à leur mémoire, et un enseignement fécond doit sortir de ce regard que nous allons jeter ensemble sur la vie de ce grand moine qui fut à la fois, et à un éminent degré, l'ami de Dieu, l'ami de son siècle et l'ami de sa patrie.

A Dieu ne plaise que je me fasse le détracteur d'un siècle qui a donné le jour à tant de nobles esprits et à tant d'illustres défenseurs de l'Église. Si notre époque a ses misères et ses faiblesses, elle a aussi ses grandeurs, et le P. Lacordaire n'a pas craint de dire *qu'il en avait tout aimé.* Mais depuis bientôt un siècle, tant de ruines se sont accumulées sur le sol de notre patrie, tant d'institutions fameuses, qui devaient enfin nous asseoir dans l'honneur et dans la paix, sont tombées après une vie éphémère, tant de systèmes ont succédé aux systèmes, les triomphateurs de la veille sont devenus si vite les proscrits du lendemain, et le peuple a si souvent brisé ses idoles d'un jour, qu'il s'est fait je ne sais quelle confusion dans les intelligences. Au milieu de cette instabilité, un mortel découragement a gagné bien des âmes, les convictions se sont affaiblies, toute foi tend à disparaître, et par suite les caractères se sont abaissés.

N'est-ce donc pas un service à rendre à notre époque, si profondément minée par tant de plaies douloureuses, que de mettre de plus en plus en relief la grande figure de cet homme qui eut toujours à un si haut degré le respect de lui-même, qui ne recula jamais devant les plus durs sacrifices pour l'accomplissement de son devoir, et qui mit un soin jaloux à conserver au-dessus de toute atteinte la dignité et l'intégrité de son caractère.

Avant d'entrer dans l'étude de cette belle vie, jetons un coup d'œil sur le milieu dans lequel Henri Lacordaire était appelé à exercer son action.

Lorsqu'éclata la révolution française, les bases du catholicisme étaient sapées depuis bien longtemps dans notre patrie par une philosophie sceptique et railleuse. Mais l'édifice extérieur subsistait et conservait encore ses formes majestueuses. Intimement liée par une communauté de vie de treize siècles avec la monarchie, la religion devait, dans une certaine mesure, en subir les destinées et s'éclipser un instant lorsqu'elle tomba.

Les ennemis de cette monarchie, trouvant devant eux l'ordre politique et l'ordre religieux mêlés ensemble, imbus d'ailleurs des idées antichrétiennes du xviiie siècle, ne crurent point pouvoir renverser le trône sans renverser aussi l'autel, et ils portèrent leurs coups des deux côtés avec une égale ardeur. Ce fut un grand malheur pour notre pays que l'aurore de la liberté y coïncidât avec l'abaissement du catholicisme. De là naquit ce funeste malentendu qui dure encore, et qui a créé un antagonisme fatal entre la liberté et la religion, entre les institutions modernes et l'esprit catholique. Mais, disons-le tout de suite : A qui doit remonter aujourd'hui la responsabilité de ce malentendu ? N'est-ce pas à cette secte qui, prétendant représenter exclusivement la liberté, n'a jamais eu que des cris de haine contre le catholicisme ? Et si quelques catholiques, plus timorés que clairvoyants, ont jeté l'anathème à la liberté, ne sont-ils pas excusables lorsque les champions de cette prétendue liberté ne se présentent à eux que l'injure à la bouche et la persécution à la main ?

La France cependant se retrouva, sous la hache des bourreaux, plus chrétienne qu'on n'eût osé l'espérer après un siècle d'impiété. Les derniers échos du rire sardonique de Voltaire s'étaient évanouis dans les orages sanglants de la révolution ; et néanmoins lorsque la France, débarrassée enfin d'un joug sombre et terrible, respira plus à l'aise, une scission profonde s'était opérée entre la société et la religion.

On sait comment le mouvement de réparation chrétienne, favorisé par le concordat, fut entravé plus tard par la politique de l'empire, et quelles luttes religieuses marquèrent tristement les dernières années du règne de Napoléon.

Le gouvernement de la restauration, animé d'intentions sincèrement réparatrices, ne devait pas éviter un écueil qui se présentait naturellement. Bien qu'il fût réellement dévoué aux institutions qu'il avait apportées à la France, les souvenirs d'un régime à jamais disparu pesaient fatalement sur lui. Le clergé, qui avait vu dans la chute de ce régime le signal d'une dure et longue persécution, inclinait trop visiblement sur cette pente. On essaya donc de faire revivre ce qui était mort. Autrefois, l'autel avait vécu de la vie du trône et à l'abri du trône ; on rétablit cette dangereuse solidarité. Elle devait être fatale au retour des idées religieuses. Il était dit que, dans ce siècle, rien de durable et de fécond ne se ferait que par la liberté. Le mouvement religieux ainsi provoqué d'en haut fut aussitôt frappé de suspicion, et un acte religieux sembla presque un acte de courtisanerie. Dieu me garde de mettre en doute la sincérité des hommes qui, dans ce temps comme dans le nôtre, fléchirent le genou devant la vérité. Je constate seulement et je ne prétends point justifier un état de l'opinion publique. La secte anti chrétienne exploita perfidement cette situation, et, feignant des terreurs exagérées, elle dénonça, dans les termes les plus violents, cette union du trône et de l'autel comme une conspiration tyrannique contre la liberté des consciences. Les haines religieuses s'accrurent de toute l'ardeur des haines politiques, et lorsque la maison de Bourbon tomba, en 1830, il sembla que le catholicisme était à jamais entraîné avec elle dans une commune ruine.

La scission parut alors plus profonde que jamais entre la société moderne et la religion ; tout semblait y conspirer.

Une philosophie, que je n'ai pas le courage d'attaquer en présence des doctrines abaissées qui lui ont succédé, avait heureusement réagi contre la philosophie sensualiste du XVIIIe siècle et de l'empire ; mais, fière de son spiritualisme, elle n'aspirait à rien moins qu'à remplacer le christianisme, et elle réclamait déjà le ministère spirituel des âmes cultivées.

La littérature avait paru vouloir rentrer dans des voies chrétiennes ; mais c'était pour elle une question d'art plus qu'une question de foi, et on voyait déjà venir le moment où, trompant toutes les espérances qu'ils avaient données, les plus beaux génies de ce siècle dévieraient peu à peu de leurs voies premières pour errer au hasard dans des sentiers perdus.

La science enfin préludait à ces conquêtes qui devaient, en changeant la face matérielle du monde, l'enivrer d'orgueil, et lui faire rejeter toute vérité qu'elle ne trouverait pas au fond de ses creusets ou au bout de son scalpel.

La conspiration anti catholique avait dépouillé les formes railleuses du xviiie siècle ; elle affectait même un certain respect extérieur pour cette religion qui avait été associée dans le passé à toutes nos grandeurs nationales. Le mot d'ordre était de la reléguer à jamais dans le sanctuaire, de la chasser de partout comme une institution surannée qui devait reculer devant l'esprit moderne ; c'est ce que l'on appelle aujourd'hui *séculariser les sociétés*. Les catholiques, rares et timides, aidaient à cette conspiration en laissant le champ libre à leurs adversaires et en se condamnant à la retraite. Seule parmi eux, une petite école luttait avec une ardente intrépidité, réclamant sa place au grand soleil de la liberté ! Mais ici encore le vent de la révolte allait bientôt souffler, et le jour n'était pas éloigné où l'illustre chef de cette école allait faire cette chute profonde qui faisait dire à Mme Swetchine : « Il n'y a qu'un ange ou qu'un prêtre qui puissent tomber aussi bas (1). »

Anarchie dans les idées, rejet de tout joug et de toute discipline en morale et en littérature, comme en religion, esprit d'indépendance poussé jusqu'à la révolte, le gouvernement du pays mis chaque jour en question, tels étaient encore quelques traits caractéristiques de cette société si profondément troublée ; et néanmoins, s'il y avait tout à craindre, il y avait aussi tout à espérer. La jeunesse était si ardente, si passionnée pour des idées, il y avait encore tant de vie dans les âmes qui n'avaient pas été envahies par les énervements

____

(1) Correspondance avec le P. Lacordaire, p. 90.

d'un luxe corrupteur, que la vérité pouvait aspirer à des conquêtes et à d'éclatants triomphes, le jour où elle trouverait une voix qui sût faire vibrer les fibres généreuses de ces âmes si promptes encore à l'enthousiasme.

J'ai essayé d'esquisser le tableau de la société au milieu de laquelle Henri Lacordaire était appelé à vivre ; voyons ce qu'il était lui-même.

Privé de son père dès la plus tendre enfance, il avait été *élevé par une mère chrétienne, courageuse et forte* (1). Il reçut d'elle les premiers enseignements de la foi ; mais ce fut surtout « dans la volonté, a dit un biographe, que cette femme admi-« rable le marqua de son empreinte, et lui imprima ce je ne « sais quoi de viril, ferme et décidé, qui fut le trait saillant « de son caractère (2). » Parvenu aux plus hauts sommets de la renommée, le P. Lacordaire se tournait avec amour vers les premières années de son enfance ; et, célébrant dans un élan plein de lyrisme le bonheur pur de la famille, il s'écriait : « O foyer domestique des peuples chrétiens, maison pater-« nelle où, dès nos jeunes ans, nous avons respiré avec la « lumière l'amour de toutes les saintes choses, nous avons « beau vieillir, nous revenons à vous avec un cœur toujours « jeune, et n'était l'éternité qui nous appelle en nous éloignant « de vous, nous ne nous consolerions pas de voir chaque « jour votre ombre s'allonger, et votre soleil pâlir (3). » Malheureusement, si l'éducation publique développa chez lui le goût du beau et le sentiment pur des choses de l'esprit, elle étouffa, comme il n'arrive que trop souvent, les germes chrétiens déposés dans son âme par sa pieuse mère : « Je « sortis du collége, a-t-il dit dans ses mémoires, à l'âge de

(1) Mémoires du P. Lacordaire.
(2) Le R. P. H.-D. Lacordaire, par le P. Chocarne.
(3) XXXIVe Conférence.

« dix-sept ans, avec une religion détruite et des mœurs
« menacées, mais honnête, ouvert, impétueux, sensible à
« l'honneur, ami des belles-lettres et des belles choses, ayant
« devant moi, comme le flambeau de ma vie, l'idéal humain
« de la gloire. » La suite de ses études l'amena à Paris, qui
ne fut pour lui « qu'une solitude vaste et profonde, où son
« âme se replia sur elle-même, sans y trouver Dieu ni aucun
« dogme, mais l'orgueil vivant d'une gloire espérée (1). » Il
fut de sa génération par l'amour de la liberté ; il en fut aussi,
hélas ! par *l'ignorance de Dieu et de l'Évangile* (2), et bientôt il
partagea *toutes les illusions de ce siècle troublé par l'erreur* (3)
jusqu'au plus profond de ses entrailles. C'était là pourtant que
Dieu l'attendait.

« Il m'est impossible de dire, a-t-il écrit dans ses mémoires,
« à quel jour, à quelle heure et comment ma foi, perdue
« depuis dix années, réapparut dans mon cœur comme un flam-
« beau qui n'était pas éteint. » Que s'était-il donc passé ? Ah !
il l'a dit lui-même avec une éloquence trop émue pour qu'il
n'y eût pas là comme un souvenir de son cœur. « Un jour,
« au détour d'une rue, dans un sentier solitaire, on s'arrête,
« on écoute, et une voix vous dit dans la conscience : voilà
« Jésus-Christ ; moment céleste où, après tant de beautés
« qu'elle a goûtées et qui l'ont déçue, l'âme découvre d'un
« regard fixe la beauté qui ne trompe pas. On peut l'accuser
« d'être un songe lorsqu'on ne l'a pas vue ; mais ceux qui l'ont
« vue ne peuvent plus l'oublier (4). » Et, au déclin de sa vie,
se souvenant sans doute de l'ineffable joie de ce jour, et com-
parant le culte de Jésus-Christ à un breuvage divin, il écrivait
encore : « Ceux qui ont bu à cette coupe une fois à leur âge

(1) Mémoires.
(2) Ibid.
(3) Correspondance avec Mme Swetchine, p. 69.
(4) V. Conférences de Toulouse.

« d'homme savent que je dis vrai, et que c'est un enivre-
« ment dont on ne revient pas (1). » Pour lui, en effet, il n'en
revint jamais. Un de ses plus dignes enfants nous a révélé
là-dessus des secrets d'une délicatesse telle, qu'un fils avait
seul le droit de lever le voile d'humilité chrétienne qui les
cachait au monde. Je n'y toucherai pas, de peur de les profa-
ner ; j'invoquerai seulement le témoignage de l'ami le plus
illustre du P. Lacordaire, qui s'écriait après ces révélations :
« La plus grande âme de ce siècle en a donc été l'une des plus
« saintes (2). »

Mais ce n'était pas assez pour Lacordaire d'être le disciple
du Christ, il voulut en être l'apôtre. Il avait connu les tourments du doute et l'agitation inquiète de ces âmes qui cherchent loin de Dieu un repos qui les fuit toujours. Apporter à
ces âmes la paix qui venait de rentrer dans la sienne, les
sauver, *sauver le monde,* tel était, suivant son cœur généreux,
le seul horizon digne d'un chrétien (3). Pour cela, il faut non-
seulement éclairer les âmes, mais il faut les consoler, les
fortifier. A cette mission bénie, le génie et le dévouement ne
suffisent plus ; il faut cette autorité divine que donne seul un
caractère auguste et sacré, et qui permet à celui qui en est
revêtu de faire descendre du ciel sur la tête des coupables la
miséricorde et le pardon. Le jeune avocat libéral n'hésite pas ;
il sacrifie tous ses rêves de jeunesse, ses succès au barreau,
cet idéal humain de la gloire qui avait été jusque-là le *flambeau
de sa vie,* et il entre au séminaire. Ainsi agit-il toujours lorsque
la vérité s'offre à lui ; lorsqu'il a entendu la voix de Dieu,
quelque douloureux que soient les sacrifices qu'elle lui demande, il se lève, il marche, nul obstacle ne peut l'arrêter.

---

(1) Première lettre à un jeune homme sur la vie chrétienne.
(2) M. de Montalembert, lettre au P. Chocarne.
(3) Première lettre à un jeune homme sur la vie chrétienne.

Mais ce qu'il ne sacrifia jamais, ce furent ses opinions libérales. Dès ce jour la foi et la liberté se rencontrèrent au fond de cette grande àme, et elles s'y embrassèrent dans une étreinte qui ne devait pas finir.

Le voilà prêtre, lui imbu il y a quelques jours à peine de tous les préjugés antichrétiens du libéralisme de la restauration.

Arrive 1830 : Lacordaire aperçoit tout de suite sur quel terrain avantageux doivent se placer désormais les catholiques, le terrain du droit commun. Pas de priviléges, mais liberté entière, tel fut le mot d'ordre de cette petite phalange d'esprits d'élite qui eut pour organe l'*Avenir* et pour chef le prêtre illustre qui fut la gloire de l'Église de France avant d'ètre, hélas ! la plus cruelle de ses douleurs. Lacordaire eut dès le premier jour une grande place parmi ces hommes qui soutinrent avec tant de courage et d'ardeur le poids de la lutte à cette époque. Avec quel éclat il apparut dans ces luttes, on le sait assez ! Ce jeune prêtre, qui parlait de liberté aussi fièrement que le plus populaire des tribuns, au moment même où l'habit ecclésiastique était proscrit dans Paris, restait toujours sur la brèche, dénonçant avec une verve indignée tous les abus, toutes les persécutions, toutes les violations de liberté, tous les attentats commis contre l'Église, réclamant les droits de cette Église et de sa conscience avec une parole tour à tour élevée, mordante, dramatique, incisive, colorée, vigoureuse et passionnée. Cette parole remuait profondément la jeunesse catholique de ce temps. C'est dans ces luttes que se noua cette forte amitié entre le jeune prêtre plébéien et le jeune patricien qui est toujours un si puissant athlète du catholicisme en France.

Parmi toutes les libertés dont la jeune école catholique avait arboré le drapeau, il en était une qui lui était particulièrement chère, celle de l'enseignement. M. de Montalembert et Lacordaire résolurent de la faire passer du domaine de la théorie dans le domaine des faits vivants ; ils ouvrirent donc une école publique et libre. « Chaque nation, disait plus tard « Lacordaire, a quelque part une magistrature suprême qui « renferme en elle la gloire et les lumières du pays, et c'est « là que finit par comparaître toute doctrine qui revendique « l'empire, en faisant une violence apparente ou réelle aux « traditions reçues (1). »

C'est là que dut, en effet, comparaître, dans la personne de nos deux maîtres d'école improvisés, la doctrine de la liberté d'enseignement. Traduits devant la cour des pairs, nos deux accusés défendirent leur grande cause avec une éloquence digne d'elle. Les voûtes du vieux palais Médicis s'étonnèrent de ces accents si nouveaux pour elles, si mâles, si fiers, si ardents, si impétueux, et pourtant si logiques et si fermes, si empreints en un mot de ce mélange de passion et de raison qui dénote les causes justes et saintes. Et pourtant le procès fut perdu, mais il fut gagné devant une cour plus haute, devant la conscience publique. Il restera dans l'histoire de ce siècle, comme le premier acte de ce grand procès qui devait être gagné à peu près vingt ans plus tard, et aboutir à cette loi de 1850, que le P. Lacordaire appelle dans ses mémoires, l'édit de Nantes du xixᵉ siècle, loi si critiquée, si amoindrie, si contestée aujourd'hui, comme si elle devait nous servir à me-surer le terrain gagné ou perdu sur la voie de cette précieuse liberté de l'enseignement public.

Il ne peut entrer dans notre plan de jeter même un simple regard sur toutes les questions que souleva l'*Avenir*, sur tous les problèmes qu'il tâcha de résoudre ; qu'il nous suffise de dire que la sincérité et la bonne foi ne furent jamais absentes

(1) xxxviiᵉ Conférence.

de ces luttes, pas plus que l'éloquence et la passion. Mais dans la chaleur du combat, il est difficile de mesurer toujours ses coups, et il faut reconnaître, avec M. de Montalembert lui-même, que les rédacteurs de l'*Avenir* ne reculèrent pas devant des conséquences « extrêmes, injustes et dangereuses (1). » Suppression du budget des cultes, séparation de l'Église et de l'État, telles étaient les solutions radicales qu'ils ne craignaient pas d'appeler de leurs vœux téméraires et tout au moins inopportuns, pour résoudre le problème toujours si ardu des rapports de l'Église avec la société civile. C'était peut-être la justification de leur titre. Ces solutions, si préconisées aujourd'hui par tous les ennemis du christianisme, sont-elles destinées à être la règle des sociétés futures, où l'Église comptera certainement des jours de gloire et de fidèles enfants? Nous l'ignorons : ce qui est certain, c'est qu'elles étaient alors hasardées et imprudentes.

Et cependant Rome se taisait et laissait librement débattre toutes les questions, fidèle à sa tradition de ne point gêner *la liberté des opinions,* tant que le dogme est respecté. Ce furent les rédacteurs de l'*Avenir* qui eurent la prétention singulière de forcer Rome à s'expliquer. On sait le reste. Le blâme du saint siége, tombant sur les doctrines dangereuses de l'*Avenir;* Lamennais, lui qu'on avait appelé le dernier père de l'Église, levant, après une soumission apparente, l'étendard de la révolte, et donnant à cette Église attristée le spectacle d'une des plus illustres défections qu'elle ait eu à pleurer; M. de Montalembert hésitant et troublé, sentant un instant sa fidélité chanceler sous le souffle de l'orage ; Lacordaire, au contraire, ferme et inébranlable dans sa foi, donnant à des générations désaccoutumées du respect et de l'obéissance le rare et grand exemple de soumission que Fénélon avait donné

(1) M. de Montalembert, le P. Lacordaire.

au siècle de Louis XIV, brisant encore une fois sans hésiter sa carrière, toujours prêt à faire au devoir les sacrifices les plus amers, renonçant à tous les rêves généreux mais imprudents de sa jeunesse, essayant de ramener son malheureux maître égaré, soutenant son jeune ami avec une vigilante tendresse, rentrant enfin avec la plus noble simplicité dans le calme et l'obscurité de la solitude.

Aussi bien ne pouvait-il être mieux inspiré. Après les agitations fiévreuses qu'il venait de traverser, il avait besoin de se recueillir et de se retremper devant Dieu, dans la prière et la méditation. En vain sa soumission avait-elle été spontanée, sans réserve, sans réticences, admirable de tout point, il portait aux yeux de ses supérieurs, ainsi qu'aux yeux des simples fidèles, je ne sais quel signe, comme une cicatrice de la foudre qui l'avait frappé, et qui eût pu porter atteinte à l'exercice si délicat de son ministère sacerdotal. Une retraite prolongée pouvait seule l'effacer, en donnant le gage le plus irrécusable de la profondeur de son obéissance. Lacordaire le comprit avec son tact habituel, et il l'accepta sans hésiter. Comme dans toutes les circonstances critiques de sa vie, il ne s'inspira que de sa conscience, et il marcha résolument à son devoir. Ce fut toujours pour lui le grand chemin de l'honneur, ce sera aussi, grâces à Dieu, le grand chemin de sa gloire.

Ce fut l'aumônerie de la Visitation qui accueillit une seconde fois ce naufragé de la vie publique, encore tout meurtri de sa chute. Ah! n'est-ce pas un rare et beau spectacle que de voir ce jeune homme si intimement mêlé, il y a quelques jours à peine, à ces grandes luttes où se débattaient les intérêts de l'Église et du monde, ce jeune prêtre de génie, dont la parole de feu avait déjà si profondément remué l'opinion, se consacrant obscurément à l'enseignement religieux de quelques humbles jeunes filles? Il est vrai que sa future vocation se trahissait encore jusque-là, son enseignement portait les traces trop visibles de la Somme de saint Thomas, et les bonnes sœurs de la Visitation lui reprochaient, sans doute avec raison, de faire un peu trop de métaphysique.

Quoi qu'il en soit, il y a dans cette abnégation volontaire de soi-même une force, une vertu, une virilité que le christianisme seul a pu montrer au monde, et qui nous révèlent la vraie grandeur de l'âme de Lacordaire bien plus que tous les grands actes et les triomphes de sa vie publique. La Providence, qui le destinait à de grandes œuvres, l'avait amené à cette épreuve redoutable, comme pour essayer la trempe de sa vertu. Il en sortit pleinement victorieux. Il peut marcher maintenant, il rencontrera impunément les succès comme les revers, la louange comme la calomnie, le Thabor comme le Calvaire; il peut braver, enfin, tous les enivrements de la gloire, écueils brillants où ont sombré tant d'âmes illustres de ce siècle. Pour lui, il a des armes que le monde méprise et dont il veut méconnaître la force, mais qui sont invincibles : le sacrifice, l'obéissance et l'humilité.

A quelque temps de là, le jeune aumônier était appelé à faire des Conférences aux élèves du collége Stanislas. Ce furent ses débuts dans la chaire chrétienne. Sa parole si originale et si fière, qui enseignait les antiques dogmes dans un langage si nouveau, ne pouvait passer inaperçue, et bientôt la modeste chapelle se trouvait trop étroite pour contenir la foule qui se pressait à cet enseignement si approprié aux hommes de ce temps. Lacordaire avait enfin trouvé sa voie.

Mais si le succès fut grand, il fut loin d'être incontesté. Ces accents si nouveaux dans la chaire chrétienne effrayèrent certains esprits attardés dans les formes du passé. Ils ne surent pas distinguer entre la vérité essentiellement immuable, parfaitement respectée par l'orateur, et la forme extérieure qui n'est que le vêtement variable et contingent de cette vérité, et que le jeune conférencier savait si merveilleusement adapter aux goûts et à l'esprit d'un siècle qu'il aimait passionnément. Pour ces hommes d'ailleurs, Lacordaire avait au front comme une tache ineffaçable, sa collaboration à l'*Avenir*. Il fut accusé de prêcher des nouveautés. Ses accusateurs avaient malheureusement un grand crédit auprès de l'archevêque. Les conférences de Stanislas durent cesser.

Je ne dirai pas l'héroïque simplicité qui accueillit cette nouvelle épreuve de courte durée. L'heure marquée par la divine Providence, pour l'exaltation de celui qui avait accepté les abaissements avec un cœur si fort, allait enfin sonner. Une députation de l'École de droit sollicita bientôt l'archevêque de Paris, de rendre à la jeunesse l'orateur qui avait su l'émouvoir si profondément. Elle avait à sa tête Frédéric Ozanam, celui-là même auquel Lacordaire devait consacrer quelques-unes de ses plus belles pages. Et puisque ce nom se rencontre sous ma plume, puis-je laisser passer sans le saluer de mon admiration et de ma reconnaissance, non pas seulement le littérateur éminent, l'orateur éloquent et passionné, le journaliste ardent et convaincu, mais surtout le chrétien courageux, modeste, sincère, dévoué, l'un des fondateurs enfin des conférences de Saint-Vincent-de-Paul, l'œuvre la plus féconde peut-être de ce siècle ? C'est de lui que Lacordaire a écrit « qu'il n'avait laissé de blessure à aucun, si ce n'est cette « blessure qui guérit de la mort, parce que c'est la charité « qui la fait. » Ce que furent l'une pour l'autre ces deux grandes âmes, Lacordaire nous l'a dit encore dans ce langage inimitable dont il a seul le secret : « Nous vivions dans la « même vérité, mais aussi dans le même siècle, dans les « mêmes pressentiments et les mêmes aspirations, et, en « descendant des devoirs et des sommets éternels, nous nous

« rencontrions encore au-dessous, là où les ombres com-
« mencent, où les doutes sont possibles, et où la foi elle-
« même ne suffit plus pour tenir les cœurs étroitement em-
« brassés (1). »

Henri Lacordaire, Frédéric Ozanam, chers et illustres
morts, deux des gloires les plus pures de ce siècle, non, la
postérité ne vous séparera pas dans sa louange et dans son
amour. Tous deux vous avez eu les mêmes pensées, les
mêmes affections, les mêmes dévouements, et vos grands
cœurs battaient à l'unisson pour la même noble et sainte cause,
l'union de la liberté et de la religion. Certains diront peut-être
que c'est une illusion. Oh ! du moins c'est une belle illusion,
qui console de bien des tristesses et de bien des réalités.

Quelle fut l'influence de la démarche d'Ozanam sur l'archevêque ? Nous l'ignorons ; ce qui est certain, c'est que par un
revirement inattendu et inexpliqué, Mgr de Quélen lève l'in-
terdit qu'il avait jeté sur l'ancien disciple de Lamennais, et
l'appelle tout d'un coup dans la chaire de sa cathédrale, c'est-
à-dire dans la première chaire de France et du monde. C'est
ainsi que furent fondées les immortelles Conférences de Notre-
Dame, l'une des gloires du catholicisme français au XIXe siècle,
œuvre capitale pour la foi de notre époque.

J'ai dit quel était l'état de la société sur laquelle Lacordaire
allait exercer son action puissante. Je n'ajoute qu'un mot sur
les deux grands obstacles que rencontrait la foi religieuse à
cette époque.

D'un côté la philosophie spiritualiste pouvait encore séduire
et tromper de nobles intelligences, en leur offrant de grandes et belles conceptions sur Dieu, sur l'infini, sur l'âme, sur
la plupart des grandes vérités. Cette philosophie un peu vague
et sans conclusions pratiques flattait d'ailleurs l'orgueil et per-

---

1) Lacordaire, Frédéric Ozanam.

suadait à ces âmes, que la religion n'était nécessaire qu'aux intelligences vulgaires qui avaient besoin de ce moyen pour communiquer avec la vérité, mais que la philosophie était seule digne d'exercer le ministère spirituel auprès des âmes d'élite vraiment maîtresses d'elles-mêmes et de leur raison. Bien des hommes atteints de ce scepticisme mélancolique qui suit toujours les grands désastres de la patrie se contentaient aisément de cette philosophie qui, en élevant un peu leur âme, leur demandait d'ailleurs si peu dans la pratique de la vie. Ce premier obstacle était grand parce qu'il prenait sa source dans l'orgueil si profondément enraciné au cœur de l'homme.

Du côté des mœurs l'obstacle n'était pas moins grand, quoique bien différent en apparence, et malheureusement cet obstacle semble grandir tous les jours. Le développement du bien-être matériel et le progrès des sciences séparés de l'idée divine ont engendré deux grands maux, l'orgueil et la corruption. L'homme s'est enivré de sa puissance sur la matière et il a oublié d'où elle vient et qui la lui a donnée. Il n'a plus songé qu'à la terre qu'il veut orner et embellir, et qui est devenue le but suprême de sa vie. De là ce matérialisme corrupteur qui envahit chaque jour davantage les âmes et les doctrines.

Voilà les deux grands ennemis qui se dressaient devant Henri Lacordaire au moment où il montait dans la chaire de Notre-Dame. Et au fond ce sont toujours les mêmes qui tiennent la vérité en échec depuis le commencement du monde : éternels Protées qui changent de forme et *de couleur au soleil de chaque siècle* (1). Mais quel que soit leur masque, qu'ils s'intitulent, la philosophie, la science ou l'esprit critique, leur vrai, leur immuable nom, c'est l'orgueil et le sensualisme.

Quel sera le plan de bataille du jeune orateur ? Sous le

____

(1) Lacordaire. Préface des Conférences de Notre-Dame.

prétexte que la vérité est une, on la jetait toujours dans le même moule, et elle était présentée aux hommes du dix-neuvième siècle, aux enfants de la révolution, comme elle avait été présentée deux siècles plutôt aux sujets de Louis XIV. Mais l'erreur, avons-nous dit, change sans cesse de forme et de couleur ; la controverse destinée à la combattre ne doit-elle pas changer aussi pour la poursuivre sous tous ses déguisements ?

Les hommes de ce temps fussent sans doute demeurés froids et indifférents devant des démonstrations appropriées aux idées des siècles passés. « Il sembla au jeune apologiste,
« qu'il ne fallait partir ni de la métaphysique, ni de l'histoire,
« mais prendre pied sur le sol même de la réalité vivante, et
« y chercher les traces de Dieu. Car Dieu, se disait-il, ne
« peut à aucune heure être absent de l'humanité ; il y a été,
« il y est, et il y sera toujours en une œuvre visible, propor-
« tionnée au besoin des temps, et qui doit être aux yeux de
« tous sa révélation (1). »

Or, à des hommes tous préoccupés, quelles que fussent d'ailleurs leurs doctrines, du grand problème de l'organisation des sociétés, quel plus grand signe pouvait-il présenter, que cette réalité vivante de la société catholique debout depuis dix-huit siècles, malgré tant de conjurations de la force de l'erreur et des passions ?

Il commence par établir la nécessité d'une église enseignante. Dans une de ces vives interrogations, qui donnaient un tour si original à sa parole : « Assemblée, assemblée,
« s'écrie-t-il, que me demandez-vous ? Que voulez-vous de
« moi ? La vérité ? Vous ne l'avez donc pas en vous (2). » Dès ce premier jour, il se place en face des ennemis de l'Église,

(1) LXXIIIe Conférence.
(2) Ire Conférence.

et faisant une pointe hardie dans leur camp, il proclame comme eux le progrès, la marche en avant, la lutte de l'esprit nouveau contre l'esprit ancien.

« La lutte, leur dit-il, est dans les entrailles mêmes de
« l'humanité, entre l'humanité des sens et l'humanité de l'es-
« prit...... Laquelle préférez-vous ? Comme le chrétien est
« l'homme nouveau selon le langage des saintes Écritures,
« l'Église catholique est l'humanité nouvelle ; quiconque
« l'attaque invoque le passé, quiconque la défend appelle
« l'avenir. Soyez donc des hommes d'espérance et de désir.
« Et vous qui êtes plus avancés, qui appréciez à leur juste
« valeur les efforts impuissants de ce siècle et qui savez que
« le tombeau de l'Église serait le tombeau du monde civilisé,
« concevez une foi et une charité plus ardentes (1). »

L'orateur chrétien montrait, et il ne se départit jamais de ce plan, que la vérité catholique est bien la vérité de tous les temps, et qu'il n'est point de nobles et légitimes aspirations qu'elle ne puisse satisfaire. Entrant en communion avec son époque, il s'emparait des nobles sentiments qui germaient au milieu de ses erreurs, et il en faisait comme un trait d'union avec la vérité catholique à laquelle rien de beau, de vrai et de bon ne peut être étranger.

A ce peuple qui a brisé tant de constitutions depuis cinquante ans, il montre cette admirable constitution de l'Église, que dix-huit siècles de luttes n'ont pu entamer ; cette hiérarchie qui, tout en conservant la distinction des rangs, base nécessaire de toute société, a proclamé, dès son origine, l'admissibilité de tous aux premiers emplois, cette vraie base de l'égalité, que nous sommes si fiers d'avoir conquise il n'y a pas encore un siècle.

Et au milieu de ces démonstrations, quels accents éloquents !

(1) 1re Conférence.

quelle passion ! quelle tendresse pour les âmes qui l'écou-
tent ! quels cris du cœur ! il jette un coup d'œil sur notre
société si malade. « Y a-t-il parmi vous qui êtes jeunes, des
« âmes tendres pour Dieu et pour les pauvres ? demande-t-il.
« Ne voyez-vous pas qu'autour de vous la douleur augmente,
« la mesure se comble, et le monde penche vers d'effroyables
« abimes ? O mon Dieu, donnez-nous des saints ! (1) »

Il entre dans une étude plus approfondie des caractères
généraux de l'Église, son autorité, son infaillibilité, l'établissement de la papauté. Usant de cette méthode, qui lui sera si
familière, il compare le catholicisme avec les sectes chrétiennes
et non chrétiennes, et il fait jaillir de cette comparaison les
plus vives lumières en faveur de la vérité catholique.

Dans cette capitale de toutes les voluptés où une secte
célèbre inscrivait sur son drapeau : *Réhabilitation de la chair*,
prétendant absoudre, que dis-je, sanctifier les plus honteuses
passions, Lacordaire ne craint pas de faire entendre le langage
austère de la pénitence.

« Quand nous apportons la vérité aux hommes elle sort
« d'un cœur brisé, elle vient du pied de la croix. Cette vérité
« dit que le cœur de l'homme est un abîme, et qu'il faut le
« purifier par une austère pénitence : elle vient du sang et
« elle demande du sang (2). »

Et plus loin : « On reproche à nos saints d'avoir été des
« insensés. Oh ! oui, ils avaient perdu le sens. Est-ce qu'on
« peut aimer sans être fou ? Aimer c'est s'immoler (3)...... »
Mais cet amant de la croix est un français du dix-neuvième
siècle, et il ne méconnait nulle part les grandeurs de la patrie.
« Souvenez-vous, dit-il, de ces soldats qui, dans des temps
« encore voisins de nous, allaient sans souliers et sans pain

(1) IIe Conférence.
(2) IIIe Conférence.
(3) Ire Conférence.

« combattre sur la frontière et mouraient contents, en criant
« de leur dernier souffle : vive la république !

« C'était aussi de la folie, mais de cette folie sublime qui
« crée et sauve les nations (1). »

La quatrième conférence est à la fois une apologie de la
papauté et un coup d'œil d'aigle jeté sur son histoire. Après
avoir montré comment elle a traversé victorieusement les
épreuves les plus diverses, il ajoute ces remarquables paroles :
« Les cicatrices que les évènements lui ont laissées brillent
« sur son corps et y rendent plus difficile l'accès de l'épée.
« Elle conserve de l'ère des martyrs le courage passif contre
« la persécution, de l'ère du Bas-Empire la science des situa-
« tions douteuses, de l'ère de Charlemagne la souveraineté,
« de l'ère de Grégoire VII l'entente des grands points de vue
« politiques, de l'ère de la réaction une plus profonde con-
« naissance d'elle-même et des autres, et de l'ère présente une
« invincible espérance en Dieu (2). » Hélas ! une nouvelle
conspiration s'est formée, mieux ourdie et plus formidable
que les autres. Tout est à craindre, et cependant répétons
les nobles et consolantes paroles qui terminent cette belle
conférence : « La barque de Pierre, en ne regardant qu'un
« point dans l'étendue des siècles, paraît près de périr, et les
« fidèles sont toujours prompts à s'écrier : Seigneur, sauvez-
« nous, nous périssons. Mais en regardant la suite des âges,
« l'Église apparaît dans sa force, et l'on comprend ces mots
« de Jésus-Christ : Homme de peu de foi, pourquoi as-tu
« douté ? (3) »

Le développement de son sujet amène le jeune orateur
devant deux grands problèmes, si brûlants encore aujourd'hui
et bien difficiles à traiter devant son auditoire si susceptible

(1) IIIe Conférence.
(2) IVe Conférence.
(3) IVe Conférence.

et si prévenu : les rapports de l'Église avec la Société civile et sa puissance coërcitive.

Pour résoudre le premier problème, il invoque la liberté, liberté de la vérité, liberté de la grâce, liberté de la vertu ; néanmoins plus mesuré, plus pratique, moins fougueux que dans les colonnes de l'*Avenir,* il ne jette plus l'anathème aux concordats qui peuvent utilement régler *certaines questions mixtes au moyen de concessions mutuelles* (1), tout en maintenant la dignité des parties contractantes. Mais comme on sent que ses prédilections sont pour la liberté, avec quelle éloquence émue il la revendique comme le patrimoine du pauvre !

Il prouve par l'histoire que l'établissement de l'Église a brisé le despotisme antique qui réglait les intérêts moraux et religieux des peuples comme leurs intérêts matériels. Aussi a-t-il le droit de s'écrier fièrement : « Quiconque attente à « l'Église, attente à notre liberté morale, à ce qui nous fait « hommes (2). »

La question de la puissance coërcitive de l'Église était peut-être plus délicate encore : Lacordaire établit nettement que l'intolérance n'a jamais été un dogme de l'Église ; qu'elle a au contraire, par ses conciles et ses docteurs, condamné toujours la violence comme moyen d'amener les âmes à la vérité.

Il arrive enfin au véritable nœud de la difficulté. Il fut des temps où des peuples acceptèrent la vraie religion comme base fondamentale de l'État, et la défendirent dès-lors comme toutes les lois contre toute attaque extérieure et publique. L'Église accepta cet état de choses qui avait été la loi de toutes les grandes sociétés antiques, et qui avait été sans cesse invo-

(1) Ve Conférence.
(2) VIe Conférence.

qué et établi contre elle par toutes les erreurs. Avec nos idées et nos mœurs modernes, nous pouvons peut-être le regretter, nous ne pouvons sérieusement contester le droit qu'à eu l'Église d'agir ainsi. Aujourd'hui encore, l'erreur n'invoque-t-elle pas partout où elle le peut le glaive matériel contre l'Église? L'histoire est pleine de persécutions qu'elle a souffertes même chez les peuples dont on vante l'esprit de liberté. « Ah ! oui, s'écrie éloquemment l'orateur, le combat de « l'erreur et de la vérité, c'est toujours Caïn et Abel. Caïn ne « cesse de dire à son frère : Viens, descendons ensemble dans « le champ de la liberté, mais c'est pour l'y meurtrir en « trahison (1). »

Voilà quels furent les débuts du jeune orateur dans la chaire de Notre-Dame. Si j'ai insisté, trop longuement peut-être, sur ces premières conférences, c'est qu'elles nous font parfaitement connaître cette prédication d'une si puissante originalité et si merveilleusement accommodée, même dans ses défauts, à ce siècle que Lacordaire avait reçu la grâce « d'entendre parce qu'il l'avait beaucoup aimé. » Les qualités brillantes de l'orateur s'y révèlent déjà tout entières. Des critiques sévères pourront lui reprocher quelques nouveautés, quelques hardiesses de style, une certaine recherche de l'effet oratoire, je ne sais parfois quel défaut de simplicité. Mais cette parole est toujours élevée, fière, incisive, énergique, saisissante. Plus tard, peut-être, la logique sera plus serrée, la pensée plus profonde, la forme plus châtiée : il n'aura jamais plus d'émotion sincère, plus de tendresse pour les âmes, plus d'ardeur, plus de flamme, plus de soudaineté, plus d'élan.

· Quel fut le succès de cette parole ? Laissons parler là-dessus l'éloquent biographe du Père Lacordaire : « Jours glorieux où

« la vieille métropole, depuis trop longtemps endormie et
« déserte, se réveillait au bruit d'une multitude envahissant
« ses parvis, et tressaillait sous le souffle du prophète nou-
« veau! Jours de triomphe pour la parole sainte comme elle
« n'en reverra peut-être jamais !

« Hommes de tout âge, de toute croyance, de tout drapeau,
« jeunes et vieux, jeunes surtout, venus des écoles de droit
« et de médecine, orateurs, jurisconsultes, savants, militaires,
« saint-simoniens, républicains et monarchistes (1), » tous
étaient là frémissants sous cette parole tour à tour ardente
et plaintive, fière et suppliante, qui savait si bien remuer le
fond des cœurs et exalter tous les nobles sentiments.

L'année suivante, l'orateur développe les caractères généraux de la doctrine de l'Église. Devant cette société sans règle
et sans boussole, il déroule le tableau douloureux de ses
misères morales, intellectuelles, physiques, sociales, et il jette
enfin un cri d'espérance, « Cette science que le monde n'a
« pas, je vous annonce une bonne nouvelle, elle existe.......
« l'Église en est la dépositaire éternelle (2)...... » Et, prenant
toujours ses arguments au plus profond des entrailles de ce
siècle, il montre à cet auditoire étonné, subjugué, ravi, que
le mal profond dont souffre la société moderne ne sera guéri
que lorsqu'elle rentrera dans les voies chrétiennes. « Lorsque
« tout sera par terre, les races, les institutions, les mœurs,
« la foi religieuse et la foi publique, et qu'on ne rencontrera
« plus sur ce sol nu et bouleversé que des ombres qui vont
« et qui cherchent,... » alors, sous peine de mort de la société,
« le moment de la réédification chrétienne sera venu (3). »

Le succès grandissait toujours ; et tout d'un coup cependant
le jeune orateur descend de cette chaire qu'il a déjà illustrée

(1) Le R. P. H.–D. Lacordaire, etc.
(2) VIIIe Conférence.
(3) XIe Conférence.

à jamais, et il s'enfuit « pour se retrouver seul quelque temps,
« dit-il, devant sa faiblesse et devant Dieu (1). » Pourquoi
donc cette subite retraite? Les mêmes défiances qu'avaient
éveillées les conférences de Stanislas accueillirent les conférences de Notre-Dame. De là des oppositions sourdes, qui
n'avaient que trop de crédit auprès de l'archevêque. Cette
situation pesait au jeune prêtre, ennemi de l'intrigue et de la
dissimulation, et partisan exclusif des situations franches et
nettes. « Est-il sage, écrivait-il à Mme Swetchine, de rester
« toujours sous les yeux du public et des fidèles comme un
« problème (2) ? »

Lacordaire n'hésite pas. Il montre encore une fois cette
force si rare dont il donnera des preuves toute sa vie, la force
de résister à un succès, de sacrifier la gloire, lorsque le devoir
ou un devoir plus grand lui apparaît. Il descend donc de
cette chaire, et il s'en va. Dieu qui avait des vues sur cette
âme, et qui voulait la préparer à la haute mission qu'il lui
destinait, le conduit à Rome. Il lui était resté des erreurs de
sa jeunesse, mille fausses notions, mille sentiments sans
rapport avec le christianisme. « Nulle main savante et pieuse,
« dit-il avec une admirable modestie, ne prit ma main : les
« uns me condamnèrent, les autres eurent pitié ; mais celui
« de qui les dons sont sans repentance ne se découragea
« point, et il acheva péniblement son œuvre (3). » C'est durant
son séjour à Rome que s'accomplit ce travail intérieur qui lui
donna une complète maturité. A cette époque parut sa *Lettre
sur le saint-siége*. Lamennais venait de lancer sa fameuse
brochure intitulée : *Affaires de Rome,* qui consomma sa rupture
avec l'Église, et qui n'était qu'une diatribe violente contre la
papauté. Son illustre disciple crut qu'en face de ces insultes

(1) XIIIe Conférence.
(2) Correspondance p. 101.
(3) Correspondance avec Mme Swetchine, p. 69.

parricides à l'Église humiliée, le silence ne lui était plus permis, et qu'il se devait de protester et de séparer nettement sa cause de celle de ce malheureux génie égaré. Cette lettre est un éloquent et vigoureux panégyrique de la papauté, empreint du respect le plus profond et de la plus filiale tendresse pour cette grande institution lien nécessaire de l'unité, sans laquelle nulle vie et nulle beauté ne peuvent subsister. Dans cet écrit, l'auteur jette un coup d'œil profond et presque prophétique sur l'état de l'Europe ; il prévoit cette guerre furieuse à l'Église, dont nous sommes les spectateurs attristés, et il signale les auteurs de cette guerre « pour qui tout est bon, si « l'Église est opprimée et dépouillée ; pour qui tout est exé- « crable, si elle trouve par hasard dans un événement « quelconque un peu d'ombre pour s'y reposer. »

Depuis quelque temps germait dans l'esprit de Lacordaire une pensée féconde qui mûrissait chaque jour et qui allait enfin produire la grande œuvre de sa vie ; quels motifs l'amenaient ainsi, lui si imbu encore des idées de ce siècle qui l'avait porté et nourri au plus profond de ses entrailles, et en même temps si faible et isolé, à tenter cette œuvre toujours difficile et que plusieurs eussent jugée impossible et taxée de folie ? Comment voulut-il restaurer en France précisément un ordre religieux qui, né en plein moyen âge, semblait à jamais disparu dans la tourmente révolutionnaire ; un ordre surtout qui semblait porter tout le poids d'une institution fameuse mise au ban des idées modernes ? Ces motifs étaient complexes.

S'il se regardait lui-même, il se voyait seul, sans appui, sans force, dans une situation toujours compromise, il voyait son apostolat mis sans cesse en question à la merci de la bienveillance ou des hésitations d'un homme. Quel immense avantage n'y aurait-il donc pas, pour les hommes isolés comme lui, pour les déclassés de l'organisation religieuse, de pouvoir entrer dans une association qui leur apporterait, avec l'union, la règle et la vie commune, une immense force morale, un appui et un soutien au milieu de notre société pulvérisée par l'individualisme, en même temps qu'elle les délivrerait des soucis de la vie matérielle, quelquefois si lourds même au talent et au génie?

S'il regardait l'Église de France, il voyait le ministère pastoral restauré et magnifiquement organisé dans notre patrie, au moyen d'un clergé qui est sans contredit le premier du monde par ses lumières, par ses vertus, par la hauteur des caractères. Mais ce ministère n'est pas le seul dans l'Église; il y a le ministère apostolique et le ministère doctoral non moins importants et qui doivent aussi être remplis. Le pasteur enseigne un troupeau déjà formé, l'apôtre porte la vérité à ceux qui ne la connaissent pas. Il faut au peuple une parole qui le remue; « il a besoin des enivrements de la parole, il a « des entrailles à émouvoir, des endroits de son cœur où la « vérité dort et où l'éloquence doit le surprendre et l'éveiller « en sursaut (1). » Qui remplira ce ministère apostolique que Lacordaire appelle le grand service de la vérité? Le pasteur ne le peut; il manquera toujours à sa voix *le charme magique de la nouveauté* (2). Seuls, les ordres religieux sont en état de le remplir d'une manière efficace; seuls aussi, ils peuvent, en dégageant le prêtre des embarras de la vie matérielle et des charges du ministère pastoral, lui donner la sécurité d'esprit et les loisirs suffisants pour les méditations et les études profondes du docteur. N'avons-nous pas entendu tout récemment l'un des plus amers détracteurs de l'Église catholique et des moines, tirer de son cœur ce cri que lui arrachait la contemplation d'un de ces illustres asiles de la science et de la

(1) XXXIIᵉ Conférence.
(2) *Ibid.*

piété : « Quand donc y aura-t-il un Mont-Cassin laïque ? (1) »

Si Lacordaire regardait enfin la France elle-même, il voyait bien l'édifice religieux rebâti à l'extérieur. Mais dans cet édifice, il fallait faire pénétrer la vie et le mouvement. Après les orgies morales et doctrinales du dix-huitième siècle, après les dévastations et les ruines que la révolution avait faites dans les intelligences comme sur le sol de notre patrie, l'ère de la réparation semblait devoir sonner, si la parole de l'apôtre et l'enseignement des docteurs venaient la seconder.

La nécessité de la restauration des ordres religieux ainsi établie, Lacordaire se posait une nouvelle question : A quel ordre se donnerait-il ? Après avoir mûrement réfléchi et long-temps pesé les divers motifs qui pouvaient le déterminer dans une affaire aussi importante, il se décida pour l'ordre de St-Dominique. Caton voulant marquer d'une manière énergi-que et concise les aptitudes de nos aïeux les plus lointains les avait résumées dans cette phrase célèbre : *Rem militarem agere et argute loqui;* la guerre et l'éloquence. « Or, rien ne ressem-« ble plus au génie français, a dit Lacordaire, que le génie « dominicain (2). » Et n'était-ce pas une véritable guerre qu'il fallait entreprendre contre l'erreur, les préjugés, les passions? La France n'était-elle pas à reconquérir à Dieu et à son église? Les armes de cette conquête, c'était l'éloquence, c'étaient la pauvreté et les austérités volontaires qu'il fallait opposer à une époque de luxe et de sensualité. L'ordre des Frères Prê-cheurs répondait à cet idéal. « Le français, a dit encore le « P. Lacordaire, est le soldat armé de la justice (3). » Nous pouvons dire du Dominicain qu'il est le soldat de la vérité, soldat armé de l'éloquence et d'héroïques vertus.

(1) M. Taine : *L'Italie et la Vie italienne.*
(2) Mémoire pour le rétablissement de l'ordre des Frères Prêcheurs, p. 99.
(3) Mémoire pour le rétablissement de l'ordre des Frères Prêcheurs, p. 24.

Mais si les motifs étaient grands et nombreux, les obstacles se dressaient tout aussi puissants ; l'état de l'opinion en France, les antipathies gouvernementales, des lois de proscription encore debout, la difficulté de se procurer les ressources nécessaires à l'exécution de ce projet, et par-dessus tout cela, peut-être, les âmes à trouver dignes de comprendre et d'exécuter un aussi grand dessein.

Et cependant ces obstacles extérieurs n'étaient pas les plus redoutables ; le jeune prêtre trouvait encore en lui-même une formidable opposition. Il a fait avec une noble simplicité le récit de cette lutte intérieure : « L'idée seule de sacrifier ma « liberté à une règle et à des supérieurs m'épouvantait. Fils « d'un siècle qui ne sait guère obéir, l'indépendance avait été « ma couche et mon guide. Tandis qu'il ne m'en avait rien « coûté de quitter le monde pour le sacerdoce, il m'en coûta « tout d'ajouter au sacerdoce le poids de la vie religieuse (1). »

Mais Lacordaire était de ces hommes qui ne reculent jamais lorsqu'ils ont entendu l'appel de Dieu. Le 9 avril 1839, il entrait pour faire son noviciat dans un couvent de Rome. Un vénérable vieillard s'est levé du bord de la tombe pour témoigner que ce novice déjà mûr par le génie plus encore que par l'âge « fut un modèle de régularité et de perfection religieuse, « que, se tenant pour le derniers des novices, il se portait « volontiers aux services les plus vils, et que la vertu qui lui « fut souverainement chère fut l'humilité. (2). » Et pourtant ce n'avait pas été sans un suprême déchirement que le novice avait dit adieu à sa vie passée. Écoutez le cri de son âme : « J'eus, écrit-il à son illustre amie Mme Swetchine, un moment « de faiblesse, je tournai les yeux vers tout ce que j'avais « quitté, cette vie faite, ces avantages certains, des amis

(1) Mémoires cités par le P. Chocarne.
(2) Lettre du P. Palmegiani, citée par le P. Chocarne.

« tendrement aimés, des journées si pleines de conversations
« utiles, les foyers chauds, mes petites chambres si douces,
« les mille joies d'une vie comblée par Dieu de tant de bonheur
« extérieur et intérieur (1). » Mais la faiblesse ne put jamais
avoir sérieusement prise sur une âme aussi fortement trempée.
*Son parti était pris, le sacrifice sanglant fut accompli, et il marcha
courageusement au milieu de toutes les épreuves.*

La plus redoutable de toutes, celle de sa rentrée en France,
approchait. Le P. Lacordaire prépara ce retour par un *Mémoire
sur le rétablissement de l'ordre des Frères Prêcheurs en France*,
qu'il adresse avec une noble fierté au pays tout entier. Les
accents de ce mémoire sont pleins d'une franchise loyale et
digne, c'est à la fois un plaidoyer éloquent et mesuré en
faveur de la liberté des associations religieuses, une apologie
chaleureuse et émue des ordres monastiques, une revue rapide
des grandeurs et des gloires de l'ordre des Frères Prêcheurs,
une énergique réfutation des calomnies et des odieuses
accusations dont le tribunal si peu connu de l'inquisition a
fourni le texte contre S. Dominique et contre l'Église (2). Il
démontre aisément combien sont iniques et opposées aux
véritables principes du droit et de la liberté, les lois qui pros-
crivent les associations religieuses, et met en regard de ces
lois d'exception le caractère vraiment libéral de la plupart des
constitutions monastiques, et même de cette obéissance si dé-
criée, qui, toute volontaire, a d'ailleurs pour limites les constitutions et la loi divine. Devant la vitalité de ces puissantes
institutions toujours frappées et toujours vivantes, il peut
dire : Rien ne ressuscite qui ne soit nécessaire ; et, les com-
parant à ces forêts séculaires renaissant toujours malgré les
coups répétés de la hache, il écrit cette phrase devenue

(1) Correspondance, p. 195.
(2) Mémoires.

fameuse : *les chénes et les moines sont éternels*. Faisant enfin un appel à cette mélancolie divine qui est comme la nostalgie du ciel, et dont sont touchées tôt ou tard les âmes qui ne sont pas complétement abaissées dans les sens, il ajoute : « Il y a « toujours sur la terre des voyageurs fatigués du chemin, et « nul ne peut se flatter de n'être pas du nombre un jour. »

Ce mémoire fut accueilli avec faveur par l'opinion. Sans jamais sacrifier la vérité, le P. Lacordaire, avec cet amour ardent de son pays qui le distingua toujours, savait discerner, au milieu de ses aspirations vagues, un peu confuses et parfois incohérentes, celles qui tendaient vers la justice et le droit, et il s'en emparait comme d'une arme puissante pour le triomphe de la grande et sainte cause à laquelle il avait voué sa vie.

Un an après, le P. Lacordaire montrait à la France étonnée cet habit dominicain que la plupart n'avaient jamais vu, et que les vieillards pouvaient croire à jamais disparu de ce sol labouré par la révolution ; et il pouvait dire un peu plus tard : *J'ai traversé la France six fois sous ce costume, je lui ai obtenu partout le respect* (1). Si la modestie ne l'eût arrêté, il aurait pu dire qu'il obtint plus que le respect, il obtint l'amour et l'admiration.

Peu de temps après sa rentrée en France, le P. Lacordaire reparaissait dans la chaire de Notre-Dame, et y prononçait, comme inauguration de la parole dominicaine, le *Discours sur la vocation de la nation française*, qu'il terminait en saluant d'un cœur plein d'espérance, les signes visibles de résurrection chrétienne que présentait alors la France. Le succès couronna son audace, et le ministre de la justice, en invitant à sa table le lendemain ce revenant d'un autre âge, ne faisait que constater cette faveur de l'opinion qu'avait su conquérir une sincérité courageuse et confiante.

(1) Correspondance avec Mme Swetchine, p. 382.
    3

Le P. Lacordaire apportait à la France une œuvre magistrale qu'il avait composée dans les loisirs du cloître : La vie du saint fondateur de son ordre le patriarche Dominique. « Le grand « mérite de cette Vie, a dit le P. Chocarne, c'est d'avoir été « écrite avec amour. Il faut avoir aimé ces illustres morts « pour avoir le droit de les raconter aux vivants. »

Après le suffrage d'un fils, écoutons celui d'un homme qui sera toujours entendu avec respect dans une assemblée littéraire. M. de Châteaubriand disait en parlant de cette œuvre : « Personne n'était en état d'écrire les pages que j'y admire da « vantage, ce n'est pas seulement un talent hors ligne, c'est un « talent unique. C'est immense comme beauté, comme éclat. « Je ne sais pas un plus beau style (1). » Me sera-t-il permis d'ajouter mon modeste suffrage à des suffrages venus d'aussi haut? Ce qui m'a le plus frappé dans la lecture de ce beau livre, c'est la noble simplicité du style, qui arrive à la plus haute éloquence par l'élévation de la pensée et non par la recherche de l'expression ; c'est enfin et surtout son accent pénétrant de sincérité. Lacordaire, ainsi qu'il l'a dit lui· même, a dédaigné de faire une apologie, et il est arrivé ainsi, par le simple et véridique récit, à la plus éclatante des apologies. Cette sincérité éclate lorsque l'auteur se trouve en face de ces violences et de ces excès, dont ne sont pas toujours exempts les meilleures causes. Il sait avouer avec simplicité et réprouver avec dignité ces violences « qui ont ôté à la « croisade des Albigeois le caractère de sainteté qu'elle avait « sous d'autres rapports. » L'illustre religieux donnait ainsi un noble exemple que n'a pas voulu suivre une école trop passionnée, qui a prétendu glorifier à tout prix, en haine du présent, certaines époques du passé ; ne se contentant pas de mettre en lumière les grandeurs et les gloires de ce passé,

<hr>

(1) Correspondance avec Mme Swetchine, p. 346.

mais voulant glorifier jusqu'aux taches et aux faiblesses insé-
parables de toute œuvre humaine. Dans je ne sais quel zèle
aveugle, cette école est allée jusqu'à vouloir *mettre en honneur
les pages les plus sombres de ces siècles* (1) glorieux à d'autres
égards, faisant ainsi à sa propre cause plus de mal que ses
plus ardents ennemis, froissant inutilement les sentiments de
ses adversaires, et provoquant trop souvent de violentes et
regrettables représailles.

Le P. Lacordaire ne rentra pas immédiatement en possession
de la chaire de Notre-Dame occupée alors avec éclat par un
illustre et saint religieux. Bordeaux, Metz, Nancy, et plus tard
Grenoble entendirent tour à tour sa parole, et partout elle fut
accueillie avec enthousiasme. Le clergé, l'armée, la magistrature, le barreau, tous les hommes sensibles encore à une
grande cause défendue par une grande éloquence, se réunis-
saient pour faire à ce moine des triomphes comme la parole
chrétienne n'en avait eus depuis longtemps, sur cette terre où
avait passé le dix-huitième siècle. Les passions politiques
faisaient silence autour de cette chaire, où un orateur incom-
parable traitait en un sublime langage d'intérêts si fort au-
dessus des intérêts passagers de la politique. Seul un parti
ne désarmait pas. Cette fraction de la démocratie qui ne sépare
point sa foi politique de ses haines religieuses, poursuivait de
ses invectives l'apparition de cet habit qu'avait revêtu l'homme
le plus sincèrement libéral de son époque. Mais toutes ses
clameurs ne pouvaient empêcher la résurrection d'une institution *qui avait la vie en elle.*

La conduite du P. Lacordaire dans ces circonstances fut
pleine de sagesse et de mesure. Il ne recula point devant les
attaques et se montra fermement disposé à maintenir ses droits
de citoyen, mais il ne céda jamais à la tentation dangereuse

____

(1) Montalembert. Œuvres, avant-propos. p. 32.

de faire du bruit, Le bruit ne fait pas de bien, répétait-il souvent, et le bien ne fait pas de bruit.

Enfin, en 1843, le P. Lacordaire reprit le cours de ses admirables conférences de Notre-Dame qui ne devaient plus être interrompues jusqu'en 1851. Il reparaissait dans sa chaire après cette longue retraite qu'il s'était imposée, mais qui n'avait certes pas été inactive. L'orateur éloquent de Notre-Dame était devenu le restaurateur de l'ordre de St-Dominique, et il avait désormais sur son front l'auréole éclatante de ceux auxquels Dieu a donné de faire de grandes choses. Mais il s'en fallait de beaucoup que cette auréole brillât ainsi aux yeux de tous. Pour un grand nombre la robe blanche du dominicain n'était que la livrée d'une race à jamais détestée. Il semblait à ces hommes que, dans un défi insensé, l'illustre défenseur du Christ eût creusé entre le siècle et lui un abîme infranchissable. Il appartenait à la vertu, au génie, au ferme courage de cet homme extraordinaire, de combler cet abîme et de réconcilier le siècle avec ce saint habit, dont l'apparition devait, au dire même des chrétiens les plus dévoués, exciter dans la capitale d'implacables fureurs. On sait comment le grand orateur sût accomplir cette tâche difficile. Ce que l'on sait moins, c'est l'énergie de caractère qu'il dût montrer pour maintenir, même vis-à-vis de ses amis les plus intimes, cette liberté du costume religieux, contre laquelle s'ameutait une presse prétendue libérale, toujours prête à invoquer la force et l'arbitraire au secours de ses terreurs et de ses haines antireligieuses. J'insiste sur ce point parce que le P. Lacordaire déploya là, dans toute sa force, cette virilité de caractère qui fut le trait saillant de sa physionomie.

On était au plus fort de la lutte engagée par les catholiques pour la liberté d'enseignement. Aussi lorsque la reprise des conférences fut annoncée, elle provoqua une levée de boucliers

de tout le parti anticatholique toujours si audacieux et alors
irrité par trois mois d'une guerre implacable. De là de grandes
alarmes : la situation était grave, « l'insulte partout, écrit
« l'illustre amie du P. Lacordaire, et pas un bras qui se lève,
« pas une voix qui console (1) ; » on attendait beaucoup de
la parole du grand orateur. Mais pour lui obtenir le droit de
se faire entendre, ne fallait-il pas faire le sacrifice momentané
d'un costume qui réveillait tant de peurs et provoquait tant
de menaces? C'était l'opinion d'hommes graves et considéra-
bles, et en particulier de l'archevêque de Paris. Mme Swetchine
elle-même, cette âme si fortement trempée, consentit à s'en
faire l'organe, et dans une lettre pleine de mesure, de conve-
nance et d'habileté, elle propose *en tremblant* au P. Lacordaire
*le sacrifice d'une sorte de point d'honneur et de jouissance toute
personnelle, pour que la parole de Dieu soit noblement, libéralement,
glorieusement annoncée* (2).

Elle lui montre l'église de France tout entière lui demandant
défense et appui dans une des plus lamentables crises où on
l'ait vue, l'archevêque entouré de dangers et exposé à la
calomnie, la destinée des ordres religieux dans notre patrie
suspendue à sa parole, elle lui fait entrevoir d'insultantes
clameurs dans le temple, peut-être des dévastations nouvelles,
et, au nom de tout cela, elle lui demande *d'agir en vertu de ce
pur amour qui ne cherche sa récompense dans aucune impression
sensible* (3), et de faire le sacrifice qu'on lui demande pour
faire triompher Dieu.

Certes, la tentation était grande. Refuser c'était peut-être
renoncer à l'une des grandes œuvres de sa vie, déserter la
lutte en apparence, s'ensevelir dans le silence et l'inaction ;
et quand? à l'heure de la force et de la plénitude, à cette heure

(1) Correspondance avec Mme Swetchine, p. 377.
(2) Correspondance avec Mme Swetchine, p. 377
(3) Ibid. p. 378.

où l'homme sent enfin très-légitimement sa puissance. Une conscience vulgaire se fût laissée séduire par des raisons qui semblaient si puissantes, et eût infailliblement succombé. Mais le P. Lacordaire dissipe en quelques mots tous les nuages qu'un amour-propre intéressé eût laissé volontiers flotter autour de cette question, et il rétablit énergiquement la situation sous son vrai jour.

Il répond à sa noble amie par une lettre admirable que je voudrais citer tout entière et qui demeurera comme un monument de la virilité d'un caractère que rien ne peut ébranler. Il pose, dès le début, la limite des concessions à faire à l'amitié, fût-elle la plus sainte et la plus respectable. « Il s'agit, « dit-il, d'intérêts qui nous commandent à tous deux l'oubli « de nous-mêmes.... J'irais donner dans Notre-Dame, à nos « ennemis, le spectacle d'un religieux qui a peur après avoir « affiché le courage.... Plus la situation est grave, plus les « catholiques attendent de ma parole une éclatante consola- « tion, moins je dois leur préparer une si douloureuse sur- « prise.... Ils ont besoin de prouver à la France que leur « cœur n'a point failli et que leur parole a conservé toute sa « liberté. Il vaut mieux cent fois se taire que de trahir leurs « espérances (1), » et il ajoute avec humilité et avec une foi inébranlable dans la force de la vérité : « La religion n'a pas « besoin de triomphes, elle peut se passer de ma parole à « Notre-Dame (2). » Après avoir développé divers motifs qui lui défendent la concession qu'on lui demande, il termine par ces paroles d'une beauté toute chrétienne : « Enfin, après tous « les autres, je puis bien m'occuper de la question en ce qui « m'est personnel. Le caractère est ce qu'il faut sauver avant « tout, car c'est le caractère qui fait la puissance morale de « l'homme..... Ah ! sachons montrer que je n'accepte point

(1) Correspondance, p. 382.
(2) Correspondance. p. 382.

« la parole et la gloire au prix du déshonneur, sachons
« montrer que je sais me taire dans un moment où la parole
« serait si regardée et si fastique. Sachons mettre le devoir et
« la dignité avant tout..... Si toutes les chaires de France me
« sont interdites, j'attendrai d'autres temps, et je ferai le bien
« quelconque qui me restera possible. Je n'en ferai même
« aucun si aucun ne m'est possible (1)..... » Je ne crains pas
de le dire, cette lettre est un des grands actes de la vie du
P. Lacordaire. Après cela quelques-uns s'étonneront peut-être,
ils ne comprendront pas cet attachement à un habit suranné,
et ils ne voudront y voir qu'une étroite obstination. Ah ! ceux-
là ne connaissent point la puissance et la majesté d'un sym-
bôle. Le P. Lacordaire avait dit en montrant sa robe blanche :
Je suis une liberté. Cette robe, Messieurs, c'était plus qu'une
liberté, c'était aussi un drapeau, le drapeau de la liberté mo-
nastique, le drapeau de la liberté religieuse. Une liberté ! il
aurait peut-être eu le droit d'y renoncer. Mais quand on porte
un drapeau, on ne l'abaisse jamais devant l'ennemi, et plus
cet ennemi se dresse menaçant, plus la mêlée devient furieuse,
plus haut doit-on le porter. Le P. Lacordaire eut cet honneur
suprême d'être le porte-drapeau d'une grande et sainte cause,
et nous pouvons lui rendre ce témoignage qu'il ne l'a jamais
trahie même par un instant de faiblesse.

Sa fermeté courageuse fut récompensée. « La France ainsi
« qu'il l'écrivait à Mme Swetchine, a un instinct de l'honneur
« qui la charme partout où elle en trouve l'ombre (2). » Et
comme il l'avait annoncé lui-même avec une sincérité aussi
éloignée de l'orgueil que de la fausse humilité, « un immense
« auditoire le couvrit toujours contre tout désir isolé et hon-
« teux (3). »

1 Correspondance, p. 381 et 385.
2 Correspondance, p. 383.
3 Correspondance, p. 383.

Les limites de cet éloge ne me permettent pas de donner une analyse même succinte des conférences de ces huit années. Je remarquerai seulement que, dans cette seconde phase de sa prédication, la doctrine de l'orateur est plus profonde, plus précise et plus sûre : on y sent le fruit de ses études approfondies de la philosophie vigoureuse et puissante de saint Thomas.

Il consacra les trois premières années à l'examen des effets de la doctrine catholique, sur l'esprit, sur l'âme, et sur la société.

Notre esprit est affamé de vérités, et cependant quelles incertitudes ! quels tourments ! « La petite barque du pêcheur « qui va gagner la vie de sa famille, luttant la nuit au milieu « des orages, n'est-elle pas cent fois plus tranquille et plus « heureuse que notre esprit (1) ?... »

La doctrine catholique seule fait à l'esprit de l'homme le don inestimable d'une certitude, non-seulement rationnelle, mais encore surnaturelle ou suprarationnelle. C'est en vain que les hommes d'état, les hommes de génie, les peuples eux-mêmes, se sont levés contre cette vérité, elle a toujours des disciples fervents, elle a des enfants dévoués, quand la philosophie humaine ne peut qu'à grand peine conquérir quelques rares disciples. « O philosophes, s'écrie l'orateur ému, philosophes « qui revendiquez la suprématie de la raison humaine sur la « raison catholique, où sont vos enfants? où sont les larmes « séchées, les confessions entendues, les améliorations d'exis- « tence, les consolations sorties de vous? Ah ! quand vous « auriez des sujets, vous n'avez pas d'enfants (2). »

La doctrine catholique produit dans l'âme les grandes vertus, l'humilité, la chasteté, la charité, la fraternité, la religion, vertus non-seulement individuelles mais sociales, et

(1) XIVᵉ Conférence.
(2) XXᵉ Conférence.

que les autres doctrines sont impuissantes à produire. Je ne dirai pas l'idéale beauté des deux conférences sur la chasteté. Ces pages si éloquentes, si émouvantes, si indignées en face d'un vice abject, animées d'un souffle à la fois si ardent et si pur sont dans toutes les mémoires.

Le P. Lacordaire examine ensuite les effets de la doctrine catholique sur la société, et il montre comment le catholicisme seul a pu produire une société intellectuelle publique. il montre enfin la puissante et salutaire influence de cette doctrine sur tous les grands principes qui sont la base des sociétés, le droit, la famille, la propriété, l'association.

La quatrième année fut spécialement consacrée à Jésus-Christ. On nous a révélé après la mort du P. Lacordaire, sa passion pour les douleurs et les abaissements de l'Homme-Dieu et son tendre amour pour son doux Seigneur et Maître. Mais cet amour et cette passion se révèlent eux-mêmes dans les pages consacrées à Jésus crucifié. Un amour ardent a pu seul inspirer ces accents sublimes qui s'échappent de son cœur enflammé et de ses entrailles émues comme un chant d'enthousiasme et de feu, dans la conférence sur *l'établissement du règne de Jésus-Christ,* accents si passionnés qu'ils troublent l'orateur lui-même *qui ne se les connaissait pas.* Émus et troublés aussi, nous nous demandions d'où venait cette éloquence qui n'est point de la terre : Nous le savons aujourd'hui. O saint et illustre Père, elle venait de votre cœur brisé par le martyre et la volupté de la souffrance volontaire ; elle venait de votre grande âme subjuguée par l'amour divin, subjuguée jusqu'à l'ivresse, subjuguée jusqu'à l'extase.

Le coup de foudre de février retentissait encore ; les rues de Paris portaient les traces encore visibles de la lutte qui avait amené la chute d'une dynastie, lorsqu'en 1848 le P. Lacordaire remontait avec confiance et sérénité dans la chaire

de Notre-Dame, et remerciait le pontife qui n'avait pas craint
de le rappeler dans sa métropole *au lendemain d'une révolution
où tout semblait avoir péri* (1). Il le remerciait au nom de
l'Église et de la patrie *d'avoir discerné des choses qui passent
celles qui demeurent et s'affermissent par la mobilité même des
événements* (2).

A quelques jours de là Marseille envoyait l'illustre moine
siéger à l'assemblée constituante ; on sait qu'il ne fit qu'y apparaître. Sans liens aucuns avec un parti politique quelconque, il avait accepté sincèrement la république, et il alla se
placer loyalement, imprudemment peut-être, dans les rangs
de ses défenseurs les plus avancés. Ainsi mêlé à ces hommes
dont le plus honnête des républicains (3) dénonçait un jour
les *exagérations et les fureurs,* comme le plus grand danger
de la république, le P. Lacordaire ne tarda pas à voir quelles
haines, quelles passions sans frein et pleines d'inconséquence
s'agitaient autour de lui, et combien son ministère de paix
pouvait avoir à souffrir dans ces luttes ardentes. *Les réalités
présentes sous ses yeux l'éloignaient* d'une situation que lui
avaint imposée les *convictions de son esprit et ses engage-
ments* (4). Après le 15 mai il se retira devant la conscience de
son *impuissance* et de son *isolement* (5). Il défendit ensuite
pendant quelque temps dans l'*Ère nouvelle* la politique honnête, libérale et conciliatrice qu'il croyait la plus avantageuse
aux catholiques. Après cette expérience de la vie publique
qui avait été courte, mais douloureuse pour lui, le P. Lacordaire dit un adieu définitif à ces agitations du Forum, aux-

(1) XLVe Conférence.
(2) XLVe Conférence.
(3) Le général Cavaignac. Séance de l'Assemblée constituante du 13 juin
1849.
(4) Correspondance inédite, citée par le P. Chocarne.
(5) Lettre aux électeurs des Bouches-du-Rhône.

quelles l'avait mêlé un jour son dévouement à la patrie, et il
rentra avec bonheur dans le silence et la paix du cloître,
pour se consacrer tout entier à la direction de son ordre et
aux travaux de son apostolat.

Les conférences des quatre dernières années furent consacrées à l'exposition de nos dogmes. *Dieu, sa vie intime, la créa-
tion de l'homme, son commerce avec Dieu, la chute et la réparation, les prophéties, les mystères, les sacrements, le gouvernement
divin et ses lois,* tels furent les grands, profonds et mystérieux
sujets que le P. Lacordaire illumina des éclairs de sa parole
dans cet enseignement fécond de 1848 à 1851, quatre années
les plus troublées peut-être de ce siècle si profondément agité.

Singulier contraste entre le trouble des esprits, les convul-
sions sociales, l'irritation des partis, les terreurs, les passions,
les audaces effrénées qui marquent ce temps, et cette parole
planant en souveraine au-dessus de toutes ces agitations fiévreuses, annonçant des dogmes immuables depuis dix-huit
siècles et qui ne changeront jamais. Et cependant l'orateur ne
se désintéresse point des problèmes dont la société poursuit
péniblement la solution à travers des crises sanglantes : il
annonce la vérité qui ne passe pas, mais il vit de la vie de son
auditoire, il prend sa part de toutes les douleurs et de toutes
les tristesses de son époque. Il voudrait guérir cette société
malade qui se retourne en vain sur son lit de souffrance, il
lui apporte le remède qu'elle demande inutilement à des ré-
formateurs présomptueux ou à des utopistes pleins d'illusions
et de chimères.

« Être ou n'être pas chrétien, telle est, dit-il, l'enigme du
« monde moderne (1). » Ces dogmes délaissés et peut-être
méprisés sont nécessaires, non-seulement à la vie des indi-
vidus, mais à la vie sociale de tous les temps. « Si le dix-

1 LIX° Conférence.

« huitième siècle a péri, c'est qu'il avait chassé Dieu de la
« société, et si le nôtre souffre et se tourmente, c'est que
« Dieu n'y est pas suffisamment rentré (1). »

Je ne dirai point que ces dernières Conférences sont les plus
belles, ne voulant pas opposer l'une à l'autre les diverses parties de cette œuvre splendide qui demeurera le plus remar-
quable monument de l'apologétique chrétienne au XIXe siècle.
Ce que je sais, c'est que l'orateur était arrivé alors à l'apogée
de sa force et de sa gloire, et qu'il puisait dans son passé si
grand et si pur, avec l'admiration et le respect de tous, une
autorité et un ascendant incontestables. C'est alors qu'il m'a
été donné de l'entendre et d'assister à ces triomphes enivrants
de la parole qui arrachèrent plusieurs fois à son immense auditoire des applaudissements dont la majesté du lieu saint ne
put contenir l'explosion. Ce que je puis dire, c'est que mon
esprit est resté sous le charme de cette parole magique qui
retentira jusqu'au dernier de mes jours·au plus profond de
mon âme.

O voûtes glorieuses de Notre-Dame ! redites-nous ces
triomphes qui ajoutèrent une gloire toute jeune à vos antiques
gloires. Qui fera revivre ces fêtes sacrées de l'éloquence chrétienne, l'enthousiasme et l'honneur de notre jeunesse? Après
une impatiente et longue attente, l'orateur paraissait dans la
chaire, couvert de cette longue robe blanche, vêtement d'un
autre âge sur une poitrine qui avait des battements pour
toutes les grandes causes et les grandes douleurs modernes,
trait d'union entre le passé et l'avenir, symbole de l'éternelle
jeunesse de la vérité. Il promenait un long regard sur son
auditoire altéré de sa parole et comme suspendu à ses lèvres,
et ce regard profond subjuguait et fascinait déjà. Sa voix,
calme et faible au début, s'animait peu à peu ; le geste, d'abord

____

(1) Eloge funèbre de Mgr de Forbin-Janson.

sobre et contenu, devenait de plus en plus ample et majes-
tueux Puis soudain jaillissaient quelques traits enflammés,
une éloquente et véhémente apostrophe, des mouvements
sublimes. C'était comme une secousse électrique, des fré-
missements passaient dans l'auditoire ému, agité comme les
grandes forêts lorsqu'un souffle d'en haut les traverse ; et alors
on était emporté avec l'orateur sur des hauteurs lumineuses,
d'où l'on planait sur les sens et sur les misères de ce monde.
On se sentait grandir et l'âme s'élevait sous cette parole si
noble et si fière qui savait faire vibrer tous les plus nobles
sentiments, et inspirer le mépris de tout ce qui est bas et
grossier. Comme l'aigle de l'Écriture, auquel le comparait
l'éloquent panégyriste des suprêmes adieux (1), le P. Lacordaire
emportait sur ses ailes puissantes ses auditeurs ravis, et d'un
vol rapide il les conduisait sur des cimes sublimes où la
vérité brillait d'un éclat resplendissant.

On a dit quelquefois que le P. Lacordaire avait fait peu de
conversions. Devant un auditoire composé en très-majeure
partie d'hommes prévenus et orgueilleux, il abordait rarement
et avec discrétion les pratiques de la vie chrétienne, et il ne
pouvait agir autrement sans frapper sa parole de déchéance
aux yeux de ses auditeurs superbes. Mais il jetait dans les
âmes de tels ébranlements et de telles lueurs, il savait si bien
leur montrer la grandeur et l'éclat de la vérité, qu'il en pré-
parait infailliblement le triomphe dans l'esprit de ceux qui
l'écoutaient avec un cœur sincère. Après les ironies et les
sarcasmes du xviiie siècle, bien des chrétiens osaient à peine
avouer leur foi et semblaient demander grâce pour elle par le
soin qu'ils mettaient à la tenir cachée dans l'ombre. Lacordaire
a porté un coup mortel à cette honteuse faiblesse en replaçant
le catholicisme à des hauteurs que ne peuvent plus atteindre

1. Mgr de la Bouillerie.

des railleries surannées, et il a ainsi largement contribué à cette victoire de la foi sur le respect humain, que constatait naguère un éminent publiciste (1).

« Rien ne peut empêcher désormais, » ce furent les derniers mots qu'il adressa à ses auditeurs de Notre-Dame, « Rien ne « peut empêcher désormais que vous n'ayez été la gloire de « ma vie, et que vous ne soyez ma couronne dans l'éternité.» Oui, au jour des dernières assises du genre humain, elles se lèveront ces âmes nombreuses qu'il a ramenées des ténèbres à la lumière, de l'erreur à la vérité, du vice à la vertu, des angoisses du doute au bonheur de la foi, des faiblesses du respect humain à la virilité chrétienne ; elles se lèveront et elles lui feront une immortelle gloire et une couronne éternelle.

Les conférences n'étaient point terminées, et cependant, avant de quitter sa chaire en 1851, le P. Lacordaire adressait à son auditoire des adieux empreints de je ne sais quelle tristesse inaccoutumée et de cette solennité qui caractérise les derniers adieux. C'était en effet l'adieu suprême, et le P. Lacordaire ne devait plus remonter dans la chaire de Notre-Dame. Mais l'œuvre des conférences était fondée, et si, par un secret dessein de la Providence, les successeurs immédiats du grand orateur ont été étrangers à sa famille religieuse, c'est que Dieu a voulu sans doute, en appelant tour à tour à cette grande œuvre les divers ordres religieux, montrer que dans cette Église si méconnue aujourd'hui, l'éloquence et la vérité ne sont l'apanage exclusif ni d'un homme ni d'un ordre, si grands et si saints qu'ils soient, et il a voulu aussi donner un exemple éclatant de l'inépuisable fécondité de cette Église qui tire de son vaste sein les génies les plus divers et les plus variés, toujours unis par les liens de son indissoluble et puissante unité.

(1) M. Vitet. De l'état actuel du christianisme en France.

Le coup d'État de 1851 éclate. Ce n'est ici ni le lieu ni le moment de juger un évènement aussi considérable, sur lequel l'impartiale histoire prononcera un jour son jugement définitif.

Quoi qu'il en soit, le P. Lacordaire se sépara nettement dès ce jour des catholiques trop nombreux qui cédèrent à la tentation vulgaire et toujours si puissante de s'appuyer sur le pouvoir. Ces regrettables dissentiments s'accentuèrent chaque jour davantage : toujours debout lorsque tant de fronts se courbaient, il regardait passer tristement *tous ces flots d'illusion et d'adulation* (1). Sa loyauté ne pouvait comprendre *ces retours d'opinion et ces changements de front qui lui donnaient le vertige* (2). Vis-à-vis des hommes qui, *trahissant tous leurs principes* (3), donnaient au monde l'exemple des plus éclatantes palinodies, en face de *cette servilité qui avait abaissé tant de caractères* (4), l'âme honnête de ce moine ne put toujours contenir son indignation. Néanmoins il eut toujours une répugnance invincible à entrer dans la polémique, et s'il se montra impitoyable pour les doctrines, il évita toutes les attaques personnelles et mit tous ses soins à ne pas blesser publiquement ses adversaires. Ceux-ci ne lui tinrent aucun compte de cette modération, et ils ne gardèrent pas vis-à-vis de lui cette mesure que commandaient au moins son génie et les grands services qu'il avait rendus à l'Église. Il faut le reconnaître avec douleur : la mort ne les a pas tous désarmés. Et cependant, aujourd'hui que cette grande âme est mieux connue, comment, ainsi que l'a dit le P. Chocarne avec un rare bonheur d'expression, « comment ceux qui l'ont rencontré trop souvent « dans l'arène troublée de nos luttes contemporaines ne par- « donneraient-ils pas la franchise parfois indignée de l'ami de

(1) Lettres à Mme la comtesse de la Tour du Pin, p. 234.
(2) Correspondance avec Mme Swetchine, p. 557.
3 Ibid,. p. 551.
(4) Ibid., p. 539.

« son siècle, pour ne se souvenir que des seules et héroïques
« vertus de l'ami de Jésus-Christ ? »

Peu de temps après le coup d'État, le P. Lacordaire prononçait à Saint-Roch un discours plus célèbre que connu. Le
texte de ce discours était cette parole même de David que
nous avons prise pour épigraphe : *Esto vir*.

On voulut y voir des allusions aux évènements et aux
hommes qui venaient de changer si subitement la face de la
France. On a cru que ce fut là le motif d'un éloignement forcé
de la chaire de Notre-Dame. Rien ne nous autorise à l'affirmer,
et le P. Lacordaire nous a donné lui-même les causes de sa
retraite dans deux lettres adressées, l'une à Mme Swetchine,
et l'autre à une amie de Mme de la Tour du Pin. « Dans un
« moment où la tribune et la presse sont muettes, écrit-il à
« cette dernière, j'ai pensé avec beaucoup de mes amis qu'une
« parole un peu fortement chrétienne et libérale pourrait
« donner lieu à de graves inconvénients (1). » — « J'ai la
« certitude, dit-il à la même époque à Mme Swetchine, que,
« demeuré à une place trop visible, je prêterais toujours le
« flanc aux attaques de mes ennemis par la naïveté de mes
« impressions et la hardiesse de mon discours. La nature
« même de mon auditoire, composé d'âmes jeunes, entraîne
« la mienne ; je me rajeunis sans cesse au feu de leur contact,
« et, toute préparation arrêtée m'étant impossible, je ne puis
« jamais répondre de m'asservir à une prudence qui me
« glacerait (2). »

Dans cette même lettre il écrit ces paroles qui peignent bien
cette âme constante et forte :

« Je tiens par dessus tout à l'intégrité du caractère ; plus

____

(1) Lettre du 2 février 1852. — Correspondance avec Mme de la Tour du
Pin, p. 215.

(2) Correspondance, p. 712

« je vois les hommes se manquer et faillir ainsi à la religion
« qu'ils représentent, plus je veux, avec la grâce de celui
« qui tient les cœurs dans sa main, me tenir pur de tout ce
« qui peut compromettre ou affaiblir en moi l'honneur du
« chrétien N'y eût-il qu'une âme attentive à la mienne, je
« lui devrais de ne pas la contrister. » Ce que le P. Lacordaire
ne dit pas, c'est le sacrifice douloureux qu'il dût faire pour
rester fidèle à sa conscience. Nous qui savons qu'il n'entrait
jamais dans Paris sans saluer les tours de Notre-Dame qu'il
appelait sa grande patrie; nous qui savons que cette œuvre
des conférences lui était plus chère que sa propre vie, nous
pouvons comprendre tout ce qu'il lui en coûta de la laisser
inachevée. Mais il l'avait dit un jour : « Tout homme qui
« s'abdique, ne sût-il faire qu'un vulgaire métier, je l'esti-
« me un grand homme. » Après le 2 décembre 1851, le
P. Lacordaire sut abdiquer.

Aussi avait-il besoin de respirer un air plus libre que celui
qui soufflait sur la France à cette époque; et à l'encontre de
ceux qui prétendaient, hélas! restaurer en France l'esprit
religieux en s'appuyant sur le bras de chair du pouvoir
absolu, il alla visiter les couvents de Belgique et d'Angleterre,
et il put voir comment la liberté politique triomphe même
des haines les plus vivaces et amène nécessairement la liberté
religieuse.

En 1854, il reprenait à Toulouse le cours de ses conférences. Est-ce bien à moi de vous dire ce qu'elles furent? Et tout
ici, jusqu'aux voûtes de ce temple illustre où il retrouva les
accents de Notre-Dame, ne dirait-il pas mieux que moi son
éloquence et la puissance de sa parole? Ce n'est d'ailleurs que
par une froide lecture qu'il m'a été donné de les apprécier,
Jugées ainsi, il m'a semblé que la forme de ces conférences
était plus parfaite; le style est plus pur et plus châtié, le fond

plus logique, les déductions mieux ordonnées et mieux en-
chaînées ; mais il y a moins de cette flamme qui embrase un
auditoire, moins de ces élans qui le soulèvent, en un mot,
plus de science et plus d'étude, moins d'inspiration. Les
connaisseurs et les délicats étaient peut-être plus charmés,
ils étaient moins remués. On dirait que quelque chose pesait
sur l'illustre orateur, comme un poids qui aurait arrêté son
élan. N'y avait-il pas chez lui je ne sais quelle patriotique
tristesse qui jetait en quelque sorte un voile sur son enthousiasme ? Ah ! ce n'était pas le désespoir : contre les désespoirs
de l'heure présente le chrétien a toujours une ressource, c'est
de se réfugier dans les temps à venir ; et à St-Étienne comme
à Notre-Dame le P. Lacordaire pouvait s'écrier : *Je suis le
citoyen des temps à venir* (1) ! Mais il aimait trop sa patrie pour
ne pas avoir été profondément attristé par les évènements
qui avaient renvoyé si loin de son regard la réalisation de ses
rêves, et par l'empressement avec lequel la France avait
accepté les chaînes qu'on lui offrait. Voilà ce qui assombrissait
sa parole et l'empêchait de s'élever dans ces sphères de
l'espérance, où il ouvrait à Notre-Dame des perspectives si
glorieuses à nos yeux ravis. N'était-ce pas encore ce sentiment qui l'opprimait, lorsqu'il faisait devant vous cette vive
peinture des peuples qui n'ont pas de vie publique, et sa
pensée ne se reportait-elle pas alors bien douloureusement
sur son pays ?

La carrière oratoire du P. Lacordaire était finie. L'ordre de
Saint-Dominique était glorieusement replanté sur le sol de la
France, les fondations de Nancy, Chalais, Paris, Flavigny,
Toulouse, avaient eu lieu. Tout cela suffisait à illustrer une
vie, et le P. Lacordaire pouvait se présenter avec confiance
devant celui auquel nous aurons tous à rendre compte de

(1) XXXVᵉ Conférence.

l'emploi des jours qu'il nous donne. Cela ne lui suffisait pas :
il avait depuis peu fondé le tiers-ordre enseignant. Toujours
plein de sollicitude pour la jeunesse qui avait entouré sa
chaire de tant d'honneur et de sympathie, il avait employé
sa vie entière à lui faire du bien : il voulut lui consacrer d'une
manière plus intime et plus exclusive encore ses dernières
années.

« Après le regard de Dieu sur le monde, avait-il dit, rien
« n'est plus beau que le regard du vieillard sur l'enfant ;
« regard si pur, si tendre, si désintéressé, qui marque dans
« notre vie le point même de la perfection et de la plus haute
« similitude avec Dieu (1). » Et, songeant à l'ingratitude
habituelle de l'enfance, il avait ajouté : « C'est l'honneur de
« l'homme de finir comme Dieu par un sentiment désinté-
« ressé (2). » C'est ainsi qu'il voulut finir, et c'est dans notre
Midi, à quelques lieues de la métropole du Languedoc, qu'il
entreprit de consacrer ses dernières forces, et d'user *son épée,*
selon sa propre expression, au service de la jeunesse.

On vit alors cet homme qui avait apporté à la France le
bienfait d'un ordre renouvelé, qui avait suspendu à ses lèvres
le plus illustre auditoire du monde, on le vit s'enfermer avec
quelques jeunes gens entre les quatre murs d'un collége,
condescendre aux moindres détails dans l'intérêt de ses chers
élèves, se passionner pour leurs luttes et leurs triomphes,
chercher patiemment et ardemment tous les moyens d'en faire
des hommes, des caractères virils. Ah ! c'est qu'il comprenait
toute l'importance de ce grand ministère de l'éducation. Ses
plus beaux accents n'avaient-ils pas été toujours consacrés à
cette grande œuvre, élever l'homme ?

C'est dans cette retraite de Sorèze que devaient le chercher
les honneurs académiques. Déjà l'Académie de législation de

(1) XXXIXe Conférence.
(2) *Ibid.*

Toulouse l'avait appelé dans son sein, et c'est devant elle qu'il prononçait, en 1854, son *Discours sur la loi de l'histoire*. On y sent comme un souffle de l'esprit qui inspirait Bossuet, lorsqu'il écrivait son immortel *Discours sur l'histoire universelle*.

Mais ce souffle s'est imprégné des idées libérales de l'esprit moderne que l'orateur résume en trois choses : *l'égalité civile, la liberté religieuse pour tous les cultes non immoraux, et la liberté politique*. Il salue l'avènement de cet esprit moderne comme devant apporter au monde le principe nouveau qui le sauvera de cette décadence où l'a amené l'esprit de négation du xvie et du xviiie siècles.

Cette retraite fut loin d'être stérile. C'est au milieu des soucis d'une administration qui ne dédaignait pas de descendre jusqu'aux plus vulgaires détails que le Père Lacordaire écrivit ses admirables pages sur *sainte Marie-Madeleine*. Rien de plus suave n'a jamais été écrit sur l'amitié. La pénitence, la beauté, la tendresse de cœur de celle à qui il fut dit : *Beaucoup de péchés vous sont remis parce que vous avez beaucoup aimé*, ont inspiré bien des artistes fameux ; de magnifiques monuments ont été élevés à sa gloire. Rien n'égale la beauté de ce petit écrit destiné à glorifier l'amie du Sauveur. Quelle amitié que celle de cet homme qui savait si bien nous en décrire les secrets et les chastes profondeurs !

A cette même époque parut sa brochure intitulée : *De la liberté de l'Italie et de l'Église*, éloquente protestation contre l'abus que l'on avait fait de deux lettres intimes pour le ranger parmi les adversaires du pouvoir temporel, lui qui se déclare prêt à verser jusqu'à la dernière goutte de son sang pour cette liberté de l'Église inséparable d'une domination temporelle. Et cependant cet écrit fut accueilli avec froideur par la plupart des catholiques, même en dehors de ces panégyristes à outrance si dangereux pour les causes qu'ils prétendent servir. Lacordaire y exposait ses vues sur les questions brûlantes du moment avec indépendance et courage, il y donnait des conseils sévères à l'Italie ; enfin il s'expliquait sur la forme du gouvernement romain, avec une sincérité toujours respectueuse et louable à certains égards, mais peut-être inopportune en face d'ennemis implacables, tout prêts à s'en faire une arme perfide. Et, il faut bien le reconnaître, cette sincérité revêtait des circonstances douloureuses que traversait la papauté, je ne sais quelle apparence cruelle, bien éloignée à coup sûr des intentions de l'auteur.

Rien ne manquait à sa gloire de chrétien ; il avait sur sa tête deux couronnes immortelles, celle de l'apôtre et celle du restaurateur d'un grand ordre religieux. Il fallait seulement qu'un signe éclatant vînt marquer le progrès accompli au point de vue chrétien, et l'apaisement qui s'était produit dans certaines régions. Ce fut là le sens de son élection à l'Académie française. Ces sentiments seuls le portèrent à accepter cette candidature qui venait le chercher dans sa cellule de collége au fond d'une vallée sans nom. Il y voyait *un hommage à la religion, à son ordre, un pas vers la réconciliation des esprits* (1).

Malheureusement, il était déjà frappé à mort, et lorsque le 24 janvier 1861 il prononçait son discours de réception, il portait déjà une blessure secrète et ses jours étaient comptés. Il revint à Sorèze lutter péniblement quelque temps encore contre un mal douloureux que tous les efforts de la science et de l'amitié ne purent conjurer.

Cette mort prématurée brisa la plume qui donnait de si beaux et si mâles conseils de vertu à la jeunesse dans les *Lettres sur la vie chrétienne*. Oui, il savait comment on devient

1, Lettre à Mme de ** à la suite des lettres à Mme de la Tour du Pin, p. 272.

vraiment homme, digne de ce beau nom de *Vir* qu'il faisait dériver de *Virtus,* et qu'il avait su si bien réaliser en sa personne, et il en indiquait le chemin d'une main sûre. Trois seulement de ces lettres avaient paru appelant la jeunesse à la virilité chrétienne, lui redisant le *sursum corda* que l'église catholique jette chaque jour à ses enfants du haut de ses autels. Il lui montre les écueils qui l'attendent dans notre société minée par l'absence de la foi et par l'abaissement des caractères. Il veut lui faire goûter les joies pures de la foi, de l'espérance et de l'amour. C'est ainsi qu'il se dévoua jusqu'à la fin à la jeunesse de *ce siècle agité qui fut le sien,* et à laquelle il voulait donner *la paix dans la ferveur.* Hélas ! c'était le chant du cygne. La publication de ces *Lettres,* qui devaient être comme le testament de ce grand chrétien à la jeunesse, fut interrompue par le surcroît de travaux et de fatigues dont vint l'accabler sa troisième élection à la dignité de provincial de son ordre ; et lorsque ce lourd fardeau fut enlevé de ses épaules fatiguées, il ne lui restait plus de force que pour mourir.

Mourir ! c'était bientôt. L'Église traversait un si terrible combat. Était-ce le moment de disparaître pour ce grand soldat ? Dans sa *Lettre sur le saint-siége,* le P. Lacordaire raconte que, se promenant un jour dans la campagne romaine, il fut frappé de cette inscription placée à la porte d'un nouveau cimetière ?

« *Pleure sur le mort parce qu'il s'est reposé.*

« J'entrai en méditation, dit-il, car que voulait-elle dire « Il ne me fut pas difficile de le comprendre. Pleure sur le « mort parce qu'il s'est reposé de bien faire, parce que ses « mains ne peuvent plus donner, ni ses pieds aller au devant « du malheur. Pleure sur le mort, parce que le temps de la « vertu est fini pour lui, parce qu'il n'ajoutera plus à sa cou- « ronne. Pleure sur le mort parce qu'il ne peut plus mourir « pour Dieu... »

Voilà sans doute les sentiments qui émurent un moment cette grande âme, lorsqu'elle vit la mort s'approcher à grands pas. «Mais, a dit un moraliste contemporain (1), si le chrétien « ne cherche pas la mort, il ne la fuit pas ; il la prévoit, il l'at- « tend, il en est occupé pendant toute sa vie, et plus encore « à ses derniers moments. » Ainsi fut-il du P. Lacordaire, il vit venir la mort, et il l'attendit de pied ferme. Et pour tout résumer en un mot, sa mort fut ce qu'elle devait être après une vie toute de sacrifices au devoir et à l'honneur.

Il est tombé trop tôt, laissant son œuvre inachevée, et lorsqu'un grand avenir semblait encore ouvert devant lui. Que d'âmes à consoler ! que d'intelligences à illuminer ! que de cœurs à purifier ! que de grandes causes à défendre ! Ainsi Ozanam était tombé avant lui, ainsi devait tomber bientôt, avant même le midi de sa vie, cet aimable et à jamais regretté Henri Perreyve, âme si ardente et si pure, si courageuse et si tendre, douce et sympathique figure qui se lève à nos yeux charmés à côté de Lacordaire qui l'aima *comme son âme* et lui légua l'héritage de ses pensées ; tous trois unis dans un même cœur et un même esprit, tous trois ayant usé leurs forces et leur vie au service de la jeunesse et de la vérité. A la vue de ces athlètes tombés prématurément dans l'arène où ils luttaient si vaillamment, laissant le champ libre aux so- phistes et aux corrupteurs de la jeunesse, l'esprit se trouble involontairement. Nous demeurons pensifs devant ces mys- tères de la sagesse divine, et nous serions tentés de nous plain- dre, ô mon Dieu ! si nous ne savions que vous ne nous lais- serez jamais sans témoignage, et que votre droite est assez puissante pour ne nous laisser jamais sans secours.

Lacordaire avait sans doute accompli la tâche que la Pro- vidence lui avait destinée ; et Dieu l'a appelé à lui comme le

1. M. Prevost-Paradol.

maître appelle le moissonneur fatigué pour lui remettre son salaire. Il l'a retiré du monde au moment où le dissentiment se fait de plus en plus profond, en apparence du moins, entre la religion et les enfants égarés de la liberté. Peut-être a-t-il voulu lui épargner la douleur qu'aurait occasionné à ce grand cœur le spectacle continu de nos misères et de nos décadences.

Dans sa carrière oratoire Lacordaire se montra toujours respectueux pour les doctrines qu'il combattait, évitant avec soin de blesser par une ironie souvent mortelle des adversaires qui, disait-il, peuvent être des frères demain. Un jour seulement la colère l'emporta sur la modération. En face d'une doctrine abjecte, il sentit se révolter tous ses instincts de noblesse, de pureté, de dignité ; oubliant un moment la sainteté du lieu où il parlait, il alla ramasser dans les bas fonds de notre langue je ne sais quelle invective sanglante, et se redressant de toute sa hauteur de chrétien il en accabla ce honteux adversaire. Cette doctrine que le grand orateur voulait *écraser sous son talon* (1), c'était le matérialisme. Quelle n'eût donc pas été sa tristesse en voyant les triomphes insolents de doctrines malsaines ! Quelle n'eût pas été sa douleur en voyant une jeunesse naturellement généreuse s'attacher à ces doctrines mortes et perverses ! Quelle n'eût pas été surtout son indignation en voyant les coryphées de je ne sais quel libéralisme bâtard vouloir établir une solidarité entre le matérialisme et la liberté, et proclamer leur union comme nécessaire ! Avec quel dédain il eût regardé les hommes qui font une pareille injure à la liberté, comme il avait autrefois repoussé avec énergie ceux qui insultaient la religion, en voulant faire d'elle une alliée du despotisme !

En jetant un dernier regard sur cette grande figure, nous

____

(1) XLVIIIe conférence.

songeons involontairement à tous ces grands moines que son illustre ami vient d'évoquer de leur tombe, et qui après tant de siècles écoulés se dressent au-dessus de leur époque troublée de toute la hauteur de caractères fermes, virils, ardents et dévoués, pleins de contrastes, à la fois tendres et énergiques, compatissants et indomptables, toujours enflammés de passions généreuses, couronnés enfin de l'auréole de la sainteté, et pourtant laissant voir l'homme avec ses faiblesses, ses entraînements, ses misères, qu'ils savent combattre et dompter ; cédant un jour peut-être à la violence d'une nature fougueuse et emportée, mais toujours purs de toute bassesse et de toute trahison.

C'est ainsi que Lacordaire apparaîtra un jour à la postérité séduite par tant de génie et tant de vertus, mais il apparaîtra surtout comme la personnification la plus éclatante de l'union de l'esprit religieux et de l'esprit libéral. En vain tout semblait conspirer contre cette union ; en vain ne paraissait-elle aux yeux les moins prévenus qu'une chimère et une illusion ; sa foi ne défaillit jamais. « Nous n'avons vu que l'ébauche, écri-
« vait-il en 1853, notre postérité verra la statue..... Heureux
« ceux qui ne désespéreront pas, et qui selon leurs forces
« et leur temps travailleront avec patience à ce siècle futur
« où la civilisation chrétienne s'étendra sur les cinq parties
« du monde, et y établira le règne d'une liberté sincère sous
« une autorité respectée. Ce siècle est loin, mais il vien-
« dra (1). » Hélas ! c'est la destinée du nôtre que l'on s'a-
charne de tous côtés à empêcher cette alliance de la liberté et de la foi qui sauverait le monde. Mais de quelque côté que souffle la tempête, qu'elle vienne de catholiques aveuglés ou de révolutionnaires haineux, elle ne peut rien contre ces

(1) Lettre à Mme de... à la suite des lettres à Mme de la Tour du Pin, p. 240 et 241.

deux grandes causes. Cette union, c'est le phare lumineux qui seul peut guider les sociétés modernes dans leur marche si pleine d'écueils et de périls.

Les flots soulevés peuvent un instant ternir l'éclat de sa lumière et lui jeter une suprême insulte. A ce moment la nuit se fait et le nautonier effrayé, ne voyant plus le port, est prêt à perdre toute espérance. Mais la tempête s'apaise, et alors apparaît de nouveau cette lumière de salut qui avait pu être voilée un jour, mais qui n'était point éteinte, parce qu'elle a été allumée par Dieu et que son foyer inextinguible est le cœur même de l'homme.

J'écrivais encore ces pages lorsqu'une grande aurore s'est levée sur le monde. L'Église fait une solennelle tentative en faveur de l'union et de la liberté des âmes. Le *siècle futur* que Lacordaire appelait de ses vœux avec une indomptable espérance serait-il donc près de nous? Bien téméraire sans doute celui qui oserait l'affirmer. Et pourtant je ne puis m'empêcher de saluer avec un cœur ému ces perspectives

radieuses que déroulait sous nos yeux il y a quelques jours
à peine, à l'occasion du futur concile, un illustre prélat,
l'honneur et la gloire de l'épiscopat français. « Si la religion
« et la société, disait-il, appuyées l'une sur l'autre, poursui-
« vaient d'un commun accord leur marche bienfaisante, quel
« grand pas vers l'établissement du règne de Dieu sur la
« terre, vers le vrai progrès des nations, vers la liberté par
« la vérité, vers la vraie fraternité des hommes, vers l'extinc-
« tion des révolutions et des guerres, vers la paix du
« monde (1) ! » Ah ! puissent ces perspectives devenir des
réalités ! Puisse *une ère nouvelle s'ouvrir et un nouveau grand
siècle apparaître dans l'histoire* (2).

______

(1) Lettre de Mgr l'évêque d'Orléans sur le futur concile œcuménique.
(2) Ibid.